学芸みらい教育新書 5

新版 子供と付き合う法則

向山洋一

Mukoyama Yoichi

JN219317

学芸みらい社

まえがき

東京学芸大学附属世田谷小学校に教育実習生としていった。当時の指導教官は石野先生であった。後に国立学園の園長になる社会科教育のベテラン教師である。

その石野氏が私に語ってくれた話がある。

「長い間、附属小の教官をして、何百人という実習生を指導してきた。その中で、子供を惹きつけることにおいては、向山君、君が一番だ」

もちろんこの言葉はうれしかった。「あれほど、子供を惹きつける君の魅力は一体何なのだろう」と寄せ書きに書く教育実習生も多くいた。

教師になってからも、この傾向は同じであった。

「向山先生が担任になって子供が大喜びだ」「子供が変わった」ということばが、

保護者の口々に伝えられていくようであった。実際、担任をするたびに、一年間でファイル一冊か二冊分になる保護者からの手紙をもらうようになる。

子供との付き合い方というのは、「技術」では語れない部分をもっている。「正直」であるとか、「公平」であるとか、「相手を尊重する」とかいうことは、もちろん重要だが、具体的な場面ではかなり複雑で難しい面がある。一概にこうだと言い切れない面がある。

一つのことに対して、人それぞれに対応の仕方がある。決して一律にはいかないからだ。しかし、世の中には、人を惹きつける人もいるし、嫌われる人もいる。教師であるならば、やはり人を惹きつける存在であってほしいと思う。

私が三十年前に起ち上げた研究団体である法則化からＴＯＳＳの現在になった。日本一の教育研究団体となった。集まる人は、優秀な人材である。そのような人には共通する条件がある。

第一は、人よりも抜きん出た勉強をする人であること。

第二は、自分よりも優れた人から学ぼうと努力をする人であること。

第三は、運のいい人であること。

この「運のいい人」の条件については、初めはどうでもよいことだと考えていた。しかし、大きな仕事をいくつも手掛けていくうちに、私は極めて重要であることに気付いた。

「運のいい人」にも共通するものがあることを感じた。
一　素直である。人の言うことによく耳を傾ける。
二　決断がはやくて、最後までやり通す。
三　多くの人のためになることをする。相手のプラスになることをまず心掛ける。
四　いかなる事態があっても、良い方に考える。例えマイナスのことでも、工夫してプラスに転化させてしまう。
このように考えてくると、「人・子供との付き合い方」にはやはり原理や原則があるように思えてならない。

本書には、私と子供たちのかかわりの具体的な場面が描かれている。すべて実話であり、先生方の日々の教育実践に、参考になれば幸いである。

目次

第1章

出会う

1　「失意」の子供へのいとおしさから始まる

（1）クラスの中にルールができあがる

三年生の理科の授業の時である。

「磁石」の勉強に入ったところだった。

およそ、三時間ほど、U磁石、棒磁石、フェライト磁石、シート磁石など、様々な磁石、様々な素材で、磁石のはたらきの体験をさせた。

つまり、自由に好き勝手なことをやらせていたのである。

何か発見すると、子供たちは私の所にやってきて、発見したことを熱心にしゃべっていた。私は「それはすごい」「なるほど」と、そのたびに、たいそうほめた。発見したことを、みんなの前で発表させるようにした。

このへんの授業の場面は、微妙なところなのでくわしく書いておく。

発見したことを子供が私に言いに来る。その中に、とりわけすばらしいのがある。そんな時に、私が「みなさん、とってもいいことを発見した人がいるよ」と全体に注意をうながす……というようなことを私はあまりやらない。私がやるのは、そういうことではない。

「発見したことがあって、みんなに言いたいことがあったら前に出て発表しなさい」

と言って、私は教室のうしろで腰かけてしまう。

誰か出てきて、発表する時がある。当然、ほとんどの子は聞いていない。

私は、「発表する人がいる時は、手に持っているものを全部置きなさい」と注意する。

こういうことが何回かあると、だんだんとクラスの中にルールができあがっていく。つまり、何か特にすばらしい発見があった時、その子は前に出て発表し、時には、反対意見が出て論争になっていくわけである。

私は、教室のうしろの席で腰かけたままだ。

　そんな授業の中で、Aさんが、次のような発表をした。

「くぎが、図のようについています。くぎは、S―N、S―N、と並んでいると思います」

これは貴重な意見だった。
私は、うんとほめた。
この子は第一に事実の説明をして、第二に解釈を加えたのである。

これは、ほめてやらなければならない。

本論は、これからである。

しばらくして、B君が、前に出た。

「僕も、Aさんに賛成です。くぎの先に他の磁石のSを持ってくると、くぎはつきます」

と説明した。図のような方法を示したわけである。

B君は自信満々だった。

そして、次のように続けた。

「逆にNを近づけると、くぎは逃げていきます」と言いながら、磁石をひっくり返した。

そして絶句してしまった。

Nになったので、くぎは逃げていくはずなのに、今度もくぎはついてきてしまったからである。

しばらく、ごそごそやっていた。

「何だか分からなくなっちゃいました」

と言って、B君は、ひき下がった。

そのあと、七、八人の子が発表した。

一段落して、私は全員に聞いた。

「今の発表で、一番良かったのは誰だと思いますか」

めずらしい意見や、なるほどと思えることを発表した子の名が挙がった。

「では、一番駄目な発表は誰ですか」

子供たちは、わけが分からなくなったB君の名前を言った。

「先生はね、一番よかったのはね」

と静かに言って、言葉を切った。

教室は、シーンとなった。

しばらく間を置いた。

「先生はね、わけが分からなくなったB君の発表が一番よかったです」

と言った。

子供たちは驚いた顔をした。

下を向いていたその子は、ぱっと明るく顔を上げた。

「だってね、きっと、これは大丈夫と思って発表したはずですよね」

私が言うと、みんなうなずいた。

「これは、くぎの先もNになっていて、だからSについたと思ったんですよね」

と言った。

子供たちは大きくうなずいた。

「そこで、一生懸命、発表していて、その途中で、ひっくり返してNでやってみたんですよね。そしたら、逃げると思ったのに、Nでもやっぱりついちゃったんですよ。それで、びっくりしちゃったんですね。でも、これは、すごいことですよ。わけが分かんないことを発見しちゃったんだから……。わけが分からないことを発見しちゃうのは、とってもすごいことなんですよ」

子供たちは大きくうなずいていた。

私が言いたいのは、この点である。

私は、子供が「失敗した」と思い込んでいる場面でそれを取り上げ「成功なのだ」と説明する。そんな時が多い。

しかし、口先だけのほめ言葉はだめである。「失敗した」とふさぎ込んでいる子供や、まわりの子を納得させるためには、説得できる論理が必要となる。これは、やさしいことではない。

しかし、とにもかくにも、「失敗の場面」を「成功の場面」と捉え、はげますことができること、これは、教師と子供のつきあいの大切な大切な要点である。

失敗の場面を見のがしてはいけないのである。ぼーとしている目には見えてこない。自分の計画だけでつっ走る教師にも見えてこない。

失敗の場面を捉えても、「なぜ失敗したのか」という理由が捉えられなければならない。これが、教材研究なのである。

子供のつまずきの原因を理解できる、分析できる、これが教材研究の極意である。

これが、分かれば、後は、経験だけである。

私とて、自分自身が「先端のくぎはNでもSでもつく」という実験をしていなかったら、男の子のとまどいを一瞬のうちに捉えられなかっただろう。

(2) 失敗の時に味方になってやる

「子供の失敗の場面で味方になる」――これは、子供とのつきあいで最重要なことなのだ。

実は、大人とて同じなのである。

私の教育界での唯一無二の師は、石川正三郎氏である。大森第四小時代の校長だった。石川氏を間にして、兄弟子というか、先輩というか、そんな方が二人いる。坂本茂信氏、小出精志氏だ。私が現役の教師だったころは二人とも校長で、教科書を執筆していた。

小出精志氏が校長になった時、酒の席で聞いたことがある。

「校長として、最も大切にしている信念は何ですか、一つだけ教えてください」

しばらく考えて、小出氏は言った。

「職員が事故などを起こした時、世間から非難されるようなことをした時、法の許す範囲で最後まで味方になってやる、一人でも味方になってやることだと思う」

なるほどと私は思った。良い話を聞いた。教師でもそうなのだ。

まして、子供相手ならば、なおさらだ。

失敗の時に味方になってやる。できたら、失敗を成功なのだと捉え直してやる。それが大切なのである。

先の失敗したB君は、休み時間に私の所に来た。そして言った。

「どう考えても不思議です。家に帰って、よく調べてみます」

知的好奇心の火が、こうして灯されていくのである。教室は、やはり、知性をみがく場所なのである。

教師、医師、牧師などと、三つの職業をゴロ合わせで言う時がある。どれも師が付く職業だ。三つの職業のゴロ合わせは、あまりよいことには使われない。

「説教が好きだ」とか、時に非難の対象として使われる。

が、実は、私はこの三つの職業に共通するものがあると考えている。

それは、「失意の時」に、味方になってやるのが重要な仕事内容だということである。

あるいは、「失敗したようなマイナスの部分」に対して、いとおしさを示してやるということである。

誰しも、明るい人、知性的な人、美しい人は好きだ。

暗い人、もの分かりが悪い人、美しくない人には、評価が下がる場合が多いだろう。

普通の職の人ならそれでよい。

しかし、教師は、それではいけないのである。

医師が重病の人をとりわけはげますように、牧師が罪を犯した人をいたわるように、教師もまた、理解の遅い子、手のかかる子、暗い子に、人一倍のいとおしさを持たなければならないのである。

それが、プロとしての教師の倫理なのだ。

政治家の倫理を攻撃することは誰しもやる。しかし、教師自身の倫理に照らしてみて、反省することも必要だ。

教師五年目の時、隣のクラスの担任はF氏であった。人のいいすてきな先輩だった。

彼のひざの上には、いつも汚いかっこうの男の子が群がっていた。五年生のやんちゃ坊主でも、教師のそばに群がるのである。

ひざの上にいるのは、いつも「汚い」子供たちだった。

ある日、酒席でF氏にたずねると、彼は私に言った。

「勉強のできる子、きれいな子は、これから先、いつだってチヤホヤされるのだ。あの子たちを、大切にできるのは私たちなんだ」

ガーンとショックをうけると同時に、すがすがしさを感じた。

クラスで最も「汚い子」「やんちゃな子」へのいとおしさ……子供と教師との付き合いはここから始まるのである。

（3）特に女の子は失敗をおそれる

子供は失敗することをおそれる。

いや、大人だって失敗することをおそれる。

法則化の合宿では「論文審査」は希望制である。希望する人は、一瞬のうちに手を挙げなくてはならない。

わざわざ高い費用を払っての合宿参加である。レポートも全員準備してある。それなりの覚悟はあったはずである。それなのに手が挙がらない。

こわくて挙げられないのだ。向山の口から「Cです」と評定されることがこわいのである。覚悟して手を挙げた人でさえ、いざ発表となると足がふるえるという。

子供ならなおさらである。特に女の子は、失敗をおそれる。

ある日の女の子の日記に次の文があった。

5月25日（月）

音楽の教科書を忘れてしまいました。土曜日、ピアノの練習をする時、いっしょに何か練習しようと思って、ピアノのふくろに入れたままにしてしまいました。学校に行く前に忘れ物はないな。「あっ、音楽ぶくろを忘れた！」といそいで、ふくろの中もてん検しないで、とんで学校に行ってしまいました。その時は、ピアノのふくろにあることは忘れていて、忘れ物はないと思っていました。あとから気が付いて、四組の子が教科書を貸してくれました。でも、使う気にはなりませんでした。正直に先生に言いました。私は、五年生から忘れ物がなかったのに、たった一つ忘れてしまったので、なきたいくらいでした。

(4) 教師は味方になってあげる

こんな時、教師は味方になってあげなければならない。

このころは、二〇代の時に比べて、年もはなれ子供とは遠くなっている私だが、久しぶりに長い返事を書いた。

5／25のこと、忘れものを初めてして、残念だったですね。

でも、先生は貴方の考えと少しちがいます。

「忘れもの」をしても、しかたがないと思います。もちろん、「忘れもの」をしないようにするのは大切なことです。努力しなければなりません。

しかし、人間は、神様ではないのですから、「絶対」とか「一〇〇パーセント」とかいうのは、ないのです。

まちがうことがあるから人間です。

となりの席のA君は、よく遅刻をします。よくないことです。でも、先生は、「人間はそれぞれに身体のバランスがある。朝起きるのがつらい人もいる」と思っています(ナイショです。A君が、いい気になっちゃうといけません)。自分の身体にあった、生活のリズムを作ることも大切です。小学生は、その途中なのです。

このように、いろいろな人がいます。

だから、すばらしいと思うのです。

先生より

それにしても思い出すことがある。

劇のオーディションだった。

私が今までにやった劇は(多分)、すべて、全員を舞台に出した。三クラスなら、百三十名ほどになる。すべてを舞台に出したのである。

劇の時は、オーディションをする。それぞれの役を「声の大きさ」を基準に決めるのである。競争率の少ないところをねらえば、よほどのことがない限り合格する。

ところが、子供は、自分こそは名優と思っている。人気の役があって、二〇倍にもなる。

そんな役は、本当はつまらないものも多い。劇を作っていくとしぼんでいく役もある。

そういうことを説明して、「今のうちなら、もっといい役があるよ」と言うのだが、アドバイスに耳をかさない。

一回目のオーディションをやる。

二〇パーセントぐらいが合格して、八〇パーセントが落ちる。

今度は次なる人気の役に集中する。その前に希望していればなれたのに、二回目になってから集中する。また、「他にもいい役があるよ」と言うのだが、子供は動かない。

こんなことをくり返している時に、次の日記に出会ったのである。

10月5日(月曜日)　晴れ

さっそく一時間目に、クラスのオーディションがあった。もうドキドキしておちついていられなかった。はじめは、しん査員Aの希望者からだ。私は一言も聞きのがさなかった。しん査員Dの時、太田さんがひょっと手を挙げたことに、私は気がついた。でもちゃんと挙げなかったので、先生は気がつかなかったようだ。私はあんなことがないようにと思った。しん査員Fの希望者の番がきた。私と井上さんだった。別にセリフを二、三回読んだだけで、練習といえる練習はしていない。井上さんからだった。私の番になった。どんなふうに言っていったらいいのかは、言いながら考えた。言い終わった時は気が楽になった。二人ともA'で合格だった。明日、学年でオーディションをやることになった。ふりをつけて二つをやる。これは難しいことになった。だけど、がんばる。

10月6日(火曜日)　晴れ

もう、最高にうれしい。なんたってうれしいとしか言いようがない。今日ならおこられてもそんなの耳に入らない。うれしい気持ちしかないんだから。こんな日にかぎっておこられない。これで、げきに出られることは確かだ。だから今度はしん査員Fになることだ。げきに出れるということだけでとてもうれしいけど、ここまでくると役も好きな役になりたい。別に昨日だって練習なんてしなかった。ただ、しん査員Fのセリフを何度も読んで、こうしたらいいのかななんて考えるだけ。やってはみなかった。もう、番が来た時はドキドキしっぱなしだったけど、ただしん査員Fになりきればと思ってやった。私は、一年生の時と六年生の時で小学校時代に二回出ることになる。そして、一年生の時、四年生の時、六年生の時で三回出る人もいる。それに一回も出られない人がとてもかわいそうだった。もう合格した人と、まだ合格してない人の差は大きかった。目にうすく涙を浮かべてセリフを言っている人がいた。何故か言えば言うほど声が小さくなっていくのはこのせいだと思う。こういう姿を見ていると、私が役をとったのが悪いような気がした。とうとう六年間一度もげきに出られない人、いったいどんな気持ちでいるのだろう。私は一年生の時出たのに、四年生の時出られなくて泣いた。一回も出られない人なんて、どうなってしまうのだろう。とにかく私はげきに出られるのだから、一生けん命がんばってやらなければならないと思う。

10月8日(木曜日)　雨

学年のオーディションがあった。私はもちろん、しん査員Fを希望したがおちてしまった。次にしん査員Dを希望したが駄目。次はニコニコランド。とうとう三つともおちてしまった。もう、私はどうしたらいいのか、わからなくなってしまった。三つともおちてしまって。残っている役はいくつかしかないというのに。このままではどうなってしまうのだろう。せっかくここまで来たのに、出られなくなってしまうのだろうか。そんなの絶対にいやだ。三つともおちてやる気がなくなってきたけど、絶対に出たいのだから、最後までがんばる。残り少なくても、その一つをやればいいのだから。もう何役だっていい。はじからちょう戦してみよう。

この時の劇は全員出演している。そのことは言ってある。それにもかかわらず、「出られなかったらどうしよう」と思っているのである。子供は、特に女の子は、こうした「失敗」に対する不安をいつも抱えているのではないかと思う。

クラスの中では小さく見えることだが、実は、教師が思った以上に大きいことなのだ。男の子でも、まれに「先生の言うことは必ず聞くのです」という子はいるけれど、女の子の比ではない。女の子は、ほとんどの子が、必ず先生の言うことなら聞くという状態になっていると思う。失敗を極度におそれているわけである。

それは、それとして大切なことだけれど、やはり、どこかで失敗の体験を上手にくぐらせてやりたい。教師が目配りをしていて、その中で越えさせることなら、ぜひとも失敗を経験してほしいと思う。特に低学年のうちはだ。

やがて、教師の目の届かぬ範囲でも失敗は克服されるようになる。

小さな失敗を何度も経験させてこそ、大きな失敗をのりこえさせられるのである。

しかし、放任はよくない。特に小さい時は。それは、無能な教師のかくれみのである。子供の痛みを、教師は知っていなければいけないのである。

2　子供の中に権威を打ち立てよ

(1) 初めは見逃さない

新しい学校に赴任した時のことである。

とはいっても、隣の学校である。雪谷大塚駅を降りて右へ五分行けば前任校の調布大塚小学校で、左へ五分歩けば新任校の雪谷小学校である。

私は五年生を担任した。五年生は四学級あり、私の五年一組の子供たちは、四一名である。

着任式に子供たちの前に立った。

元気が良い子供たちだった。しかし、どこかしまりがないように思えた。

朝礼の隊形が、斜めになっている。おしゃべりが延々と続いている。クラス替えがあった日なのでどんな子と一緒になったのか気になるのだろう。

それにしても、着任式などどこ吹く風の大きな態度である。盛大におしゃべりをしている。

子供たちとの生活が楽しみになってきた。こういう子供たちは、大きなエネルギーを持っているものである。きっとダイナミックなクラスができることだろう。

そのためには、子供たちの中に教師の権威を打ち立てることだ。

権威である。

権力ではない。

権力で（たとえば腕力で）打ち立てた力は弱くもろい。

初めのころ、子供は、新卒の女の先生の厳しい叱責にもシュンとなる（もちろん男の教師でも）。新卒の女の先生は、子供を静かにさせるためにしばしば怒鳴って、しばしばなじることがある）。しかし、これは、すぐに反撃される。力の支配はそれほど続かぬものなのだ。

やんちゃな男の子が、ちょっといたずらを仕掛けてくる。

「トイレに行かせてください」「鉛筆を削らせてください」など立ち歩く口実をいちいち付けながら、授業中の荒れを作ってくる。

教師の方は、がまんできなくて怒鳴る。しかし子供は今までのように黙ってはいない。

「どこが悪いんですか」、やんちゃ坊主は開き直って教師に面と向かってくる。

教師は一瞬たじろぐ。

「別に悪いわけではないけど、少し気を付けなさい」、などと言って、その場を収める。

しかし、今までの力の支配から見れば、子供への媚《こび》が含まれている。「教師のたじろぎ」を子供は見逃しはしない。その後は、次々にやんちゃ坊主がチャレンジする。

教室は一気に崩壊する。

教師の力の支配は他にも方法がある。教師だって、あの手、この手を考えるものなのだ。子供一人一人を別室に呼ぶ。親に手紙を書く。親子ともどもしつこく叱る。表を貼り出す。実にいろいろとあるものなのだ。しかし、これらの支配は長くは続かない。

もちろん、年輩の男の教師が力ずくで押さえ込む場合もたまにはある。相手が小学生ならできるだろう。しかし、若い教師、女の教師では長い間はとても無理だろう。

では、子供たちは「クラスの中が規律正しい」という状態を嫌っているのだろうか。

そんなことはない。誰よりも子供たちがそれを望んでいるのだ。「規律正しい」方が、ずっと精神的に安定感があり居心地が良いからである。

着任式の終了後、子供たちと話し合う時間は三分間しかなかった。次に入学式がひかえていたからである。

校庭の端につれていってしゃがませた。二人の子供が、近くの丸太に腰かけた。

教師の指示からはずれたこの行動を決して見逃してはならない。これは、やんちゃ坊主のアドバルーンなのだ。アドバルーンは二方向を向いている。

「この教師はどう出てくるかな」という教師向けと、「俺はこんなことをやっちゃってるものね」という子供向けと。いずれ、クラスがまとまってくれば、こんなことはどうでもよくなる。しかし、初めは見逃してはいけないのだ。

「先生の言った通りにしゃがみなさい」と、少し強く指示した。

この時大切なことは、毅然としていることだ。つまり、「指示にあいまいさがないこと、はっきりとした態度であること」が大切なのである。子供はすぐに丸太から降りた。

ここでまた大切なのだが、こういう時は、くどくど言わないことだ。くどくど言うと逆効果なのである。短く端的な方がよい。

私は、翌日の持ち物(筆記用具と雑巾)の連絡をした。

全員を起立させて、別れのあいさつをした。

「サヨウナラ」

一人だけ帽子を被っている子がいた。

「やり直します。あいさつの時は帽子をとりなさい」

その子は、すぐに帽子をとった。これは、アドバルーンではない。生活態度がきちんとしていないのである。見逃さずに教えてやればよい。

（2）正しいことは声の大きさや多数決で決められない

翌日、靴箱の配置、座席をきめることなどどこでも経験することと同じで、ごたごたすごした。教師の自己紹介などもした。質問も受け付けた。

その日、すぐに少し授業をした。国語である。漢字である。

人さし指を空中に出させて、「川」という字を書かせた。「空書き」をさせたのである。

子供たちは黙ったまま指を動かした。聞いてみると空書きをしたことがないという。

「一画ごとに、イチ、ニイ、サンと言って指を動かすのです」と言ってやらせてみた。

声が小さい。揃わない。二度、三度とやらせてみた。

「とってもよくできます。さすがに雪小の五年生です」とほめた。

子供たちは、当たり前という表情だったが、少し笑っていた。

次に「山」を書かせた。「イチ、ニイ」と書き出した。「ニイ」のところで声がバラバラになった。「曲がり」が入っているからである。

「そういう時は、ニイーイと言います」と教えた。子供の声は再び揃った。

また子供をほめた。「さすがに雪小の五年生です。みんなできてます」

子供たちの表情はさらになごんだ。

さて、駄足だが「川」と「山」の順は、それなりの計算があってやったのである。これを「学」と「校」などにしてはいけない。「川」の字は「空書き」の経験を見るために、「山」は「曲がり」の表現を見るために出したのである。

こういう「原理」を教える時は、かんたんな教材を選んだ方がいい。

次に「上」の字を書かせた。

子供たちの声はぴったり合ったが、指はバラバラしていた。もちろん、バラバラになるだろうと予測していた。

わざと何回も書かせてみた。しかも、ゆっくりと。子供たちは不思議そうだった。

「イチ、ニイ、サン」のかわりに「タテ、ヨコ」を言わせてみた。二種が出た。

「タテ、ヨコ、ヨコ」

「ヨコ、タテ、ヨコ」

何度やっても、バラバラしていた。「ヨコ、タテ、ヨコ」の声が多くなってきた。

やんちゃ坊主が、みんな「ヨコ、タテ、ヨコ」なのである。

一人のやんちゃ坊主が、たまりかねて叫んだ。

「ヨコ、タテ、ヨコに決まっているじゃないか」

どちらに賛成か手を挙げさせてみた。

ヨコ、タテ、ヨコ	三五名
タテ、ヨコ、ヨコ	六名

初めは、一五名ぐらいは「タテ、ヨコ、ヨコ」派がいたのだが、やんちゃ坊主の声に自信をなくしたようだった。

「正解を言います」、心持ち小さい声で言った。

教室が一瞬、緊張した。

「タテ、ヨコ、ヨコです」

三秒ぐらいシーンとなっていた。はじけたように爆笑が起きた。

「〇〇（やんちゃ坊主の名）駄目じゃねえか」二、三人の声が飛んだ。

爆笑が消えた後で、六名の子供をほめた。

「正しく覚えていたこと」「何よりもまどわされなかったこと」をほめた。
「正しいことは声の大きさや多数決で決められない」ことを短く話した。
声の大きさにひきずられていた子が、ジーッと私を見つめていた。
その日の帰りの時、私と握手をして帰るように指示した。

(3) 王一枚で子供たちを負かす

その次の日は雨が降っていた。
休み時間、私は将棋を持ち込んだ。
やんちゃ坊主が、どっと集まってきた。その中の一人と将棋をした。
全部並べてから、私は「飛・角」をはずした。
「先生、それでいいの」と、まわりの子供がたずねた。
「大丈夫。もう少しとってみようか」と言って、香、桂をはずした。
「これじゃ勝てるよ」とまわりの子が言った。
「そうかな」と言って、金、銀をはずした。私の方は、王と歩だけになった。
子供たちはびっくりして、他の男の子に知らせた。

「先生は王と歩だけだぞ」

みんなが、山のように集ったところで、私は歩を全部とった。

つまり、王一枚となった。

それで勝負をして、私は勝った。どよめきが起きた。（私は初段くらいの実力である。子供たちの九割には王一枚でも勝てる。）

次々と王一枚で負かしていった。

勝負の世界は、はっきりと力の差が出る。誰の目にも、力の差ははっきりしていた。

子供たちは、王一枚で次々と敗れる体験を初めてしたのである。

次の時間は、算数だった。

やさしい計算を五題ノートに書かせた。机間指導をしながら、私は言っていった。

「君はテレビを三時間ぐらい見るだろう」

「君はテストの時ウッカリミスをするだろう」

「君は家の人に炭酸飲料などを飲まないように言われているかな」

子供たちはびっくりしたように私を見ていた。

「どうして分かるの」

「先生は、ちょっぴり先生のプロだから」と答えた。
「私のノートも見て」と、次々に子供は言ってきた。
その日の帰り、多くの子供は、ニコッと笑って握手を求めてきた。男の子が多かった。
初対面から三日間の子供とのつきあいである。

3　不得意だから教育できる

（1）名選手必ずしも名監督ならず

教師は何か得意なものを持っていた方がいい。

サッカーの得意な教師はサッカー好きの子供を育てられるだろうし、習字の得意な教師は上手に指導することができるだろう。

「だろう」と歯切れの悪い書き方をしているのは理由があって、「得意なもの」を指導する時に、必ずしもうまくいかないことがあるからだ。

名選手必ずしも名監督ならず——である。

名選手の教え方が必ずしも良いものであるとは限らない。——というのは、多分「教えられる側の弱さ」を理解できないからである。（むろん名選手の中にも教え方が上手な人はいっぱいいる）。

弱さというのは、自分自身で体験したことでないと、なかなか実感できないものだ。

小さな例を一つ挙げよう。私が視力が落ちてメガネをかけるようになったのは中学三年生からである。

かなり以前からメガネの必要性を感じてはいたが、かけなかった。目を細めて黒板を見ていた。かなり無理をしていた。メガネをかけるようになったのは、担任の先生に強く言われてからである。その時、ほっとしたのを覚えている。

「恥ずかしくてメガネをかけることができない」というほど気の小さい私ではあったが、そんなことを気に病んでいる子供は多い。

小学校高学年、中学校で、成績が急に下がったということが生じたら、視力の低下は有力な要因である。

私自身のこの小さな体験は、教師生活の中でも生かされている。視力が要注意の子に対して、かなり敏感であるし、メガネを使用する子がいる時は、それなりの配慮をする。

「メガネを購入して学校へ持ってきた子」は、そのことをかくしている。自分からそのことを言うことは少ないし、自分からメガネをかけるなどということはまずない。

私は、「初めてメガネを学校に持って来た子」を見付けるのがうまい。

その日のうちというわけにはいかないが、持参して、二、三日中には見付け出す。

そして、その時、「みんなの前でかけてごらんなさい」と言って、かけさせてみる。

メガネをかけた子供を、みんなに見せて必ずほめてやる。

「とっても賢そうに見えるよ」「とってもよく似合う」などと、必ず、ほめてやる。メガネを教室で初めてかけた子供は、少し緊張しているが、私がほめるとニコッとする。たったこれだけのことではあるが、教育の場で大切なことなのだ。

法則化運動の合宿で、「教室で初めてメガネをかける子への指導」が出された。論文の良し悪しは別として、そのような教師の配慮を高く評価した。

こう考えてみると次の二つの命題はともに正しいことになる。

教師は何か得意なものを持った方がいい

教師は何か弱さがあった方がいい

教師の資質のすぐれた部分だけが教育力を発揮するのではない。

教師の弱さもまた、すぐれた教育力を発揮するのである。

しかし、どちらにしても、そのことを自覚して努力しなくては効果は上がらない。

自覚と努力がなければ、教師の弱さは、やはり教育の欠点となってしまうのである。

（2）水泳の不得意な私の執念

私には、欠点がたくさんある。音楽がだめだし、水泳もだめである。

私は小学校の時、レントゲン検査にひっかかってプールに入れなかった。当時は、やたらにひっかかる項目があって、かなりの子供がプールに入れなかった。

中学校にはプールがなかった。

高校にはプールがあったが、かなり粗い教え方で、高い所から深い所に飛びこまされてふるえ上がった。多分、この時に私は高所恐怖症になった。

泳げるようになったのは大学に入ってからである。泳げないことには卒業することができないため、渋々練習したのである。

水泳の単位をとったのは、四年生の九月、秋風の立つころであった。

このように、私は泳ぐことがだめであったから、子供たちを泳がせたいという気持ちは人一倍強かった。私は泳げない子を教えるのが好きである。

水をこわがって逃げまわる子を教えるのが好きである。

私自身が長い時間泳げなかったから、泳げない子の気持ちがよく分かる。泣きわめいて私にすがり付く子供の気持ちがよく分かる。

そんな時私は、抱きつかれたまま水の中に入り、その子の味方になる。

「ごめんな。すぐ出るからね」

その子は、しっかり私にしがみついたまま、「本当にすぐ出る?」と聞いてくる。

「本当だよ。すぐ出るよ」

私は「すぐ出るよ」とその子に言い聞かせつつ水の中を歩く。他の子供たちの水しぶきがかかる。

私は、「しようがないなあ。あの子たち。でも、みんな夢中だから許してあげようね」と水をかけた子のことを「しようがない」と言いつつ、「許してあげようね」と言う。

しがみついた子は、「うん、許してあげる」などと言う。

私は、あちらに動き、こちらに動き、時には水のかかる方に行って、その子に水がかかるようにする。

しかし、「もうすぐ出るよ」「ごめんね」などと言いつづける。

そして、一度、水の中にざぶんともぐる。

その子が大声で泣く前に「ごめん! 先生ころんじゃった、許して」とあやまる。

しがみついていた子は、びしょぬれになり、水をぬぐっている。しかし、「ころんじゃった」という私の声で、少しは落ちついてくる。私はこうして、何回かころぶ。

私にしがみついていた子が、だんだん水に慣れていく。

水に入れるようになった子を浮かすのは、もっと好きである。そんな子はすぐにでも浮けるものなのだ。

平泳ぎの形がようやくできた子に呼吸を教えるのも好きである。

今まで五メートルしか泳げなかった子が、その場で二五メートルを泳げるようになるのだ。

水から口を出して「パッ」とはき出す呼吸法は「ドル平泳法」と共に広まっているが、私は、高校一年の時、在学していた「小山台高校」の体育の先生から教わった。三〇年近くも前のことである。

「顔を出して、パッとはくだけでいいんだ」と、何度も練習をさせられた。

このような方法は、きっと多くの教師の手によってみがき上げられ、伝えられてきたのだろうと思う。

当時担任した子供たちで、二五メートルを泳げたのはおよそ三分の一、それもスイミングスクールに通ったことがある子ばかりだった。

六年生になっても、一〇名の子供が二五メートルを泳げなかった。学年の先生方と泳げない子への特訓を計画していたところ、水不足でプール指導ができないことになった。

私は夏休みの宿題に「二五メートルを泳ぐこと」を出した。

中学でも高校でも、水泳があることを話し、夏休みの学校のプールなど、どんな方法でもいいから、二五メートルにチャレンジすることを話した。他のすべてのことをしないでいいから、泳げるようになることだけを言ったのである。

この私の熱弁は、かなり効果があった。

多くの子供が、練習をした。夏休みの教室に「先生、二五メートル泳げました」というメッセージが置かれていた。

夏休み明けの九月一日、二日と、泳げない子の特訓をして、一人の子だけが一五メートルほどなのを残して、他の子は泳げるようになった。

一五メートルの子は、息苦しくなるらしく無理をさせられない子だった。

私が水泳が得意だったら、ここまでこだわらなかったと思う。自分が不得意だからこそ、子供たちに何とかしたかったのである。

初めて二五メートルを泳いだこと

T・Y

三年生か四年生の時に五級をうけたきりでずっと検ていをうけていませんでした。五級の時は一五メートルぐらいなら息つぎなしでいけるだろうと思ってうけたらくるしかったけどなんとか一五メートル行きました。泳いだ時は気持ちがよかったけど五年のプールの時、みんな二五メートルを泳げているからなんとなくみじめな感じがしました。五年の時はけっきょく泳げませんでした。プールに入っていない時に先生がいろいろなことを言ったのでなんとか中学になる前に二五メートルを泳ごうと決心しました。ところが今年は水不足で一学期は全く入れませんでした。夏休みはいろいろ都合があって調布のプールに一回ぐらいしか行けませんでした。そして始業式の日の午後先生におそわりに行きました。そして息つぎのこともわかりました。けれどもやっぱりその日も二五メートルを泳げませんでした。そしてそのまま水泳記録会の日がきました。じゅくの友だちなどもいるので今日は二五メートルを泳がなくてはいけないと思って泳ぎました。一五メートルぐらいの赤い線が見えたので苦しいけどこのさいだから泳いでしまおうと思って一しょうけん命がんばったら手がかべにとどきました。泳いだ時は信じられないようでした。とてもうれしかったので今度は五〇メートル目ざしてがんばりたいと思います。

この子は最後の日、水泳記録会で二五メートルが泳げたのである。これは、水泳の不得意な私の執念も幾分あずかって力になったと思う。

4　雪谷小での二学期はこうして始まった

(1) 日記を毎日書くことを申し渡す

全国を駆けめぐって過ごした忙しい夏休みが終わって二学期となった。久しぶりに顔を見た子供たちの前に立って、自省の念も含めて「もっと、じっくり付き合っていこう」と心に誓った。

たとえば、日記である。

教師になってからずっと、私は日記を子供に書かせてきた。しかし、雪谷小学校に転任した年は、日記を書かせていない。「全員の日記を見る時間がない」ことをおそれたのが最大の理由である。

が、どうも、この理由は「堕落した教師」の言である。どれほど時間が無かろうが、それが必要ならやるべきではないか……と当たり前のことを考えたわけである。

というわけで、二学期始業式の日、突然、「日記を毎日書くこと」を申し渡した。

「大学ノートを使用すること、一日に一ページを書くことを目指すこと、従って罫の幅が広い方がいいこと」などを話した。

男の子が「書くことがない時はどうするのですか」と質問してきた。

「毎日、同じことでいいから書きなさい。朝何時に起きて、何を食べて、誰と学校に行ったことなどを、その通りに書きなさい。でも、君の家の朝ごはんが、毎日同じとは思えませんが……」と説明した。

そして、高学年の女の子もいるので、次のことを付け加えた。

「これは、先生に見せる日記です。ですから、先生に読まれていやなこと、自分一人の秘密にしておきたいことは書かなくていいのです。自分一人だけしまっておきたい大切なことは、別の日記に書いてください」

九月二日、帰りのあいさつの時、「日記を書きましたね」と念をおした。

九月三日、朝の会の時、「全員起立、日記を書いている人すわりなさい」と指示した。

七名が立ったままだった。

「日記を毎日、書くのです」と言ってすわらせた。

このような場合、私はお説教をしない。本人がよく事態を理解しているのである。

お説教は、多くの場合、教師のサボリの結果によることが多い。つまり、その時々に三〇秒程度の目配りをしてやれば済むことをやらないでいて、時には忘れてしまって――

何十日もたってから突然、今までのサボリを取りもどす時に怒り狂った説教をする人が多い（ように思う）。

九月四日、帰りの時間に、「明日、日記を持ってきなさい」と指示した。

翌日、全員の分を読んで、一日の返事を書いて、その日のうちに返した。

日記を読んでよかった。子供の姿に久しぶりにふれた感じがした。

（2）二日間が貴重です。健闘を祈ります

九月一日、向山学級は次のように始まった。

九月一日（月）

S男

今日は始業式がありました。ひさしぶりにみんなに会えたので、うれしかったです。教室の中にはいったら、みんなさわいでいました。みんな黒く焼けていました。先生が来たので、席についてから、あいさつをしました。ぼくたちは、「おはようございます。」というと、先生も、「おはようございます。」とおっしゃいました。

先生は、「黒く焼けたねえ。」とか、「みんなは、夏休みは、どんなことをしていましたか。」とおっしゃいました。ぼくたちは、こたえました。「海やプールへいって海水浴をしてきました。」と言いました。先生が通しんぼを集めました。先生が、「つうち表を見た感想を聞かせてもらおう。」とおっしゃいました。ぼくは、いそいで、言うことを考えました。そして、ぼくの番が来たので、先生につうち表を見せて言いました。「国語、算数、社会が、いつも3なので、今度は4を取りたいと思います。」

学校から帰ってきたら、すぐにおじいさんとおばあさんの家へ出かけました。行きは、車でマクドナルドでドライブスルーをして、車の中でたべました。お母さんは、運転をしたので、家についてからたべました。おじいさんの家についたら、おやつを食べたり、あそんだりして、おもしろかったです。

おわり

夏休み中、教室の壁面のペンキぬりかえがあり、教室は散乱していた。とりあえず、全員で大掃除をして、机にすわらせた。

夏休み中のことをかんたんに聞いて、通知表を集めた。通知表をもどす時、コメントを一言ずつ言わせた。

翌日のプールの用意、宿題の提出などの諸連絡をして終わった。

宿題提出についての私の説明はこうだ。

「夏休みなどの宿題がありましたが、持ってきている人と今日持ってきていない人がいると思います。持ってきていない人の中には、持ってこられなかった人もいると思います。先生も経験していてよく分かりますから、宿題の提出は九月三日にします。この二日間が貴重です。健闘を祈ります」

こう言い終わると、何人かの腕白坊主が私を見てニヤッと笑った。

女の子たちは、「なるほど、私、支持します」といった雰囲気でニコッと笑った。

(3) 三〇秒の報告・漢字の書き取り

九月二日、席替えを「ご対面方式」でやった後、全員に夏休みのことを三〇秒で報告させた(九月一日に言っておいた)。三〇秒の報告は三度目である。

紙に書いてくる子もいた。ぴったり三〇秒でしめくくる子もいた。二〇秒ほどしゃべって、空白になってしまう子もいた。練習してこなかったのである。

全体として、格段の進歩であった。

その後、四〇〇字詰用紙を渡して、知っている漢字を書かせた。

子供たちは、喜んで始めた。次々に字を書いていく。ところが、三行（六〇字）をすぎるところからテンポが遅くなる。

次の説明をした。

「今までにみんなが習った漢字は七〇〇字くらいだと思います。人によっては八〇〇字くらい知っているでしょう。

三年生までに習った漢字で四〇〇字はあります。がんばってごらんなさい」

子供たちはさらに熱心に取り組んだ。こんな単純なことでも、到達点がはっきりしていると子供は熱中する。

授業終了五分前、「教科書、辞書」などの使用を許した。

ところが、この続きを、家に帰ってまでしていた子もいるのである。

九月二日(火)

今日の出来事

M子

今日、T子さんの家で、漢字七〇〇字ののこりをかいた。

(二人のかい話)

私「ねえ、T子さん。向山先生って、むちゅうにさせるもんだいばっか言うのよね。」

T子「うん、そうね！ 向山先生って、まほうつかいみた〜い。」

ということなんですけど、先生ってかくれた才能があるかも？ けど、先生ってみんな才能があるのですか？

M子は、しょうらい先生よりかっこ良い、頭のいい先生になりたいな。

九月二日(火)雨

T子

今日は、一時間目は、夏休みのことを三〇秒間話すことになっているので、紙に書いて練習をしました。学校についても、心配だったので、小声で言いながら時間をはかってみました。何回かやっているうちに、チャイムがなり、先生が入ってきました。

先生が、

「それでは三〇秒間の報告をやります。

まずMさんから」

と言うと、Mさんと、まわりにいる人が、

「えー、やだよ。」

と言っていました。よく考えてみると、私のところにすぐまわってしまうのです。みんなも反対するので、先生は、

「じゃあ今日は九月二日だから92、92の反対だから29番の人が一番初めにやること。」

というとDさんからです。Dさんは、きちんと、夏休みのことをまとめたので、先生がAAと言いました。S君の話が終わると、私の番です。ドキドキして、上がってしまいました。先生のあいずで私は、話しました。練習したはずだったのに、と中で少しわすれてしまいました。結果は、Bでした。こんどある時は、がんばりたいと思います。

三時間目は、漢字を七百字書くことになって、だいたい五行ぐらいすらすら書けたけ

ど、だんだん書けなくなって、本を見てみるとこれは知っている漢字なのになあと思ったりしました。実さい書いてみると、やっぱり書けないもんだなあと思いました。

(4)夏休みの作品の評価

九月三日、夏休みの作品について評価をした。

様々な作品が出されていた。中には、ものすごい立派な木製の椅子もあって、思わず「これはすごい！　さぞお父さんが大変だったろう」と言ってしまったものもある。

「先生のオヤジも昔、苦労していた」と付け加えると、ドッと笑いが起きた。

大きな紙に書かれた、研究発表風のものもあった。本から写したものもあるし、コピーして貼り付けた子もいた。

私は次のように言った。

「自分でやったのが一番いいのです。だから、ザリガニの観察が一番いいです。

本から写したものは、努力は認めますが、それは研究とは少しちがいます。大きな紙に書くことはありません。『見ばえをかっこよくしよう』というのは最後に考えればいいことです。本当は、小学生のうちは、そんなことは考えなくてもいいのです。

好きなこと、やりたいことを一つだけずっと続けてみる――これだけでいいのです」

S子

九月三日（水）

先生が、「自由研究は、本に書いてあったことをそのまま書くのは、点数をつけるとしたら、あまり良くないけど、自分で何かを観察したりするのはいいと思いますよ。」と言ったので、「あー、そうなのか、本を写すだけでは、研究にならないんだな。」と思いました。私は図書館に行って、本で調べて書いたのです。今度はどういうやり方をすればいいか、わかりました。

5　待つ

(1) 勝手に言うからアイデアが出る

私のクラスの子供たちは「学級会」の時間が好きであった。なぜ好きかというと、「自由で勝手」に使えるからである。

私は、全く関与していない。

担当の子供が議題を決め、それについて話し合いが行われる。この話し合いが実にくだらなかった。

「お楽しみ会の司会をどうやって決めるか」ということを決めるだけで、延々と一時間が費やされる。意見はあちらこちらに飛び、勝手気ままなしゃべり方がされる。

むろん、私が上手に（つまり、一つか二つのポイントについて、的を射るように）助言すれば、この無駄な時間は相当短縮されるはずである。

しかし、私はやらない。黙って、半年そのままにしてきた。

私の目から見れば、実にくだらないもどかしい時間だが、これが子供にとって無駄かどうかは、むずかしい。

少なくとも、騒音の学級会の中には「直接民主主義」がある。誰もかも、好き勝手である。もちろん、いいかげんでもある。このような時間を持つことの大切さを、私は大人になって——というより教師になって知った。

ブレーン・ストーミングだって、無駄な時間の蓄積である。少なくとも「能率的にブレーン・ストーミングをしよう」と考える人には、ブレーン・ストーミングの神髄は分からない。勝手に言うからいろいろなアイデアが出る。一見くだらないと思うことの中からすばらしいものが出てくる。

本格的な企画に参加した経験がある人ならお分かりだろうが、すぐれた企画の責任者は、「全然そっぽを向いているプラン」の中に光るものを見付けるものなのである。

法則化運動の応募論文は「ごみ一〇個拾う」という石川氏の論文ぬきには考えられない。「ナンダ、ナンダ、こんなものでいいのか」という役割を果たしたのである。論文というからには、「もっと何とかなるもの」「多少かっこうがついたもの」と考える風潮の中にあって、それに真っ向から対立する論文だった。

（書いた石川裕美もえらいが、それを№１にした向山もえらい——と思う。）

企画集団としては幾多の経験を持っている京浜教育サークルの面々でさえ、初めは「ごみの論文」の価値が見えなかった。今までの教育界なら「論文」として通用するどころか、出すのさえ恥ずかしかった「内容」をNo.1の論文にしたのである。

「ごみの論文」に批判、非難をされる研究者もおられるようだが、そういう方は「企画」には向いていないのだと思う。

一見無駄と思えることや時間の中に価値を見出すこと、一見「そっぽを向いている」と思える案の中にキラリと光るものを見付けること、これは「企画の中心」にいる人間の責任である。

ただ誤解しないでいただきたいのだが、「一見無駄と思えることや時間」の中に「キラリと光るものがある確率」はかなり低いのであって、「一見無駄なこと」は「本当に無駄なこと」であることが多いのである。

ここらへんを誤解されると「無駄なこと」のオンパレードになってしまう。

(2) 名前一つにも自由さが表われる

赴任した雪谷小学校には「児童会の時間」というのがある。

初めは何かと思ったが、つまりは「四年生、五年生、六年生」が店を作って、下級生が

（上級生が）それに参加をするらしい。

お化け屋敷、ゲームコーナー、ボウリング場、ディスコなどがクラスを挙げて作られる。高校生の文化祭の小学生版と思えばいい。画用紙にお金を印刷して、全員に渡される。それぞれの店に、代金が必要なのだ。

「児童会の時間」ではよく分からないというので、名前が募集された。例によって、騒音のクラス会の結果「雪小子供フェスティバル」と「雪小子供祭り」の二つの名前が選ばれた。

賛否をとると、同数である。二つとも代表委員会に持っていくことになった。代表委員会でもこの二つの名前が残り、同数で分かれたという。一つのクラスの二つの提案が、そのまま残ってしまったことになった。

結局、もう一度クラスにもどして討議された。「雪小子供フェスティバル」になった。

こんな時、名前一つ付けるのでも、自由な空気があるのとないのとでは発想がちがってくる。

「ホーソクカ（法則化）」「ホーソクカウンドウ」「ジョウタツロン（上達論）」「カクレシジ（隠れ指示）」「コンセプト」「ニジュウダイガッシュク（二〇代合宿）」「ツーウェイ」などのキー

ワードも、法則化運動の自由さを表わしている。

(3) 企画らしい企画が動き出す

雪小子供フェスティバルに、クラスで何を出すかが話し合われた。例によって、次々と意見が出る。

「ゲーム・コーナー」をやりたい。

「クイズ大会」をやりたい。

「バザー」をやりたい。

「手品みたいなもの」をやりたい。

「何か新しいもの」を創りたい。

「スタンプラリー」などもやってみたい。

例によって、もめた。それぞれの子が、自分のやりたいものがある。一体、どうしたらいいのか。子供は、それぞれにちがうことをやりたいのだ。

読者諸氏ならどうするだろうか。

「よく話し合って多数決をとり、最も多いものにする」というあたりが普通なのではないか。

民間教育運動の中で、こういう場面はどう教えるのだろうか。

私のクラスの子供たちは多数決をとろうとしていた。私は、学級会に初めて口を出した。

「多数決は反対だ。それぞれやりたいものがあるのだ。全員のやりたいものができる企画を考えなさい」

私は、このように言ったのだ。

子供たちの、顔色がかわった。「ナニ！　全員ができるもの？」もちろん、何を考えていいか分からない子供もいた。いったいこれだけバラバラの主張をどうまとめるというのか。

しかし、頭が回転する子はいるもので、すぐに答えが出てきた。

「そうだ、スタンプラリーを中心にすればよい。学校中あちこちに十以上の駅を作る。駅を通過する時にスタンプを押してもらう。ただし、駅ごとに自分たちのやりたいことを工夫する。

つまり、ある駅は『ゲームの駅』にすればいい。ある駅は『クイズの駅』にすればいい。こうすれば、みんなのやりたいことができる。」

もちろん、こんなに上手に発言したわけではないが、結局このように決まった。

スタンプラリーの通過駅は一一カ所である。

①スタート　用紙をもらう。――ルーレットゲーム
②歌手名をあてるクイズ――演歌？　ポップス？　ジャンルを選ぶ。
③じゃんけんゲーム（こういうのは、つまり、何もやらないで参加しようとする男の子が作る）
④くじ引き
⑤問題を出して二問できれば通過
⑥スポーツテスト――ジグザグドリブル
⑦クイズ
⑧射的
⑨コロコロゲーム
⑩旅行クイズ
⑪ゴール

それぞれ、自分がやりたい駅を担当した。どの子も、自分の好きなことができる。張り切るわけである。

それぞれの駅を通過する時に押される「スタンプ」も作られた。イモ版である。これが

実に大きくて、しっかりできている。もちろん、スタンプラリーで使われる用紙、案内ビラなども作られた。

それぞれの駅――たとえば（玄関・屋上）なども、机が出され、それらしく作られた。

私が担任して、やっと企画らしい企画が動き出したのである。半年以上かかったことになる。

当日はどんな結果だったかと言うと、大盛況であった。すごい人気であった。

下級生には、児童会が作成した「金券」が配られるのだが、次々に集まって来た。

高学年は、どの教室も工夫をこらして楽しいフェスティバルであったけれど、たとえば「お化け屋敷」は人数に制限があったり、「本のプレゼント」は、たちまち品物がなくなったりしてしまったので、「いつまでもできる」スタンプラリーに人が集まったのである。

それにしても、いつも思う。子供というのは、このように「知恵を出して」「全員で工夫して」「面白そうなことを実行する」時は、何と輝かしいものなのかと。

「学校は楽しいところである」「みんなで協力するのはすばらしいことである」このような活動の中でこそ、多くのことを学ばせるべきだ。

努力すること、工夫すること、責任を持つこと、協力すること――こういうことを、楽しい活動の中でこそ学ばせるべきである。

もちろん、いつかは、苦しいことに耐えることも教えねばならない。しかし、それは、「楽しいことの中で身に付けた」後にくるべきである。

(4) 子供たちの「表紙の評定」

一年分の『教室ツーウェイ』誌を並べて子供たちに評定してもらったことがある。五年生の子供たちである。

子供たちは、好き勝手に言っている。「オヤ」と思うことがあった。ある女の子がとても生き生きとしているのである。勉強のできる運動能力のある子である。日頃はとてもおとなしい。ところが、「表紙の評定」では、実に生き生きと自分の考えを主張するのである。「これ、ダメ。ぜんぜん暗い。この子たちのピースが気にいらない」などと、思ったままを言うのである。

それまで一年間つきあってきたわけだが、こういう面があろうとは全然気付かなかった。毎日毎日教室で顔を合わせていてこれである。

もしかしたら二〇代の教師なら、この女の子の一面をキャッチしたのかもしれない。私は当時すでに四三歳、子供との年齢差は広がるばかりである。

さて、子供たちの「表紙の評定」の前に、向山の「評定の評定基準」を示しておく必要がある。

一番ダメなのは、「全員がダメだ」というものである。これは、まあ、当然だろう。

次にダメなのは、「全員がよい」というものである。全員がよいというものは、たいしたものはない(これは異論があるだろう)。企画というのは、衆知を集めて独断するのである。独断できる責任者を必ずおかねばならない。多数決なぞダメなのである。

よいのは、「これはダメだ」という意見と「これはすばらしい」という意見が激しく対立する場合である。対立が生じれば全部いいというわけではないが、ここには「すばらしいもの」がある確率が高い。法則化運動は「よい」「わるい」の評定が激しく分かれるが、これは私としては嬉しいことである。第三の場合だからである。

では、表紙の評定に戻ろう。

昼休み、男の子たちは「二月号」を一番ダメだと主張した。女の子が二人写っている写真である。ピントがぼけていて、女の子の表情がボーとしてしまっているのである。

放課後、女の子たちも「二月号」を「一番ダメだ」と主張した。「暗い」というのである。つまり、男の子たちも女の子たちも二月号の表紙をダメだと言ったことになる。ところが、女の子たちは、それと同じくらい「三月号もダメだ」と主張した。卒業式での集合写真である。「暗い」と言う。

一方、男の子たちは、「三月号が最もよい」と言う。ダントツである。三月号の卒業式の写真を、女の子たちは激しく攻撃し、男の子たちは強く支持したことになる。

これは、好ましい事態である。このように、ハッキリ分かれるのは、すばらしいことなのだ。ところで、男の子の中でも女の子の中でも、二〇パーセントぐらいの子は、一月号の表紙を「これが一番いい」と支持した。雪の中で、男の子が口に雪を頬ばっている写真である。無難な表紙というところであろう。点数にすると六五点ぐらいである。

さて、残りの表紙は、いわゆる「ガチャ面」の構成である。五つ六つの写真と文字が、ガチャガチャに構成されている。この中で、一二月号への支持があった。全体の一五パーセントくらいである。運動会の図柄で、女の子たちの明るい雰囲気と緊張感が出ているものである。一一月号も、少し支持があった。他は、「わざとらしい」「暗い」という評価が多かった。

つまり、ガチャ面では「子供の明るい表情」がパッと目に付くもので「わざとらしくない」ものが強い支持を受けたことになる。

一月号〜三月号について、「季節感があっていい」という子が二人いた。反対に「季節感がない方がいい」という子も二人いた。

もっと、好き勝手に言っていたのだが割愛しよう。

楽しいひと時であった。自分とちがう感性にふれて面白かったし（私がどの意見もなるほどとうなずくので次々に意見が出てきたようなところもある）、こういう評定は大人も子供も対等だということも面白かった。何よりも、子供たちの別の面を発見することができた。

第2章

ことを為す

1　小学校での公開授業で

（1）全員の氏名を覚える

これは、ある小学校での公開授業をした時のことである。

一二〇〇名の前で、マイクを使っての授業であった。子供たちは、さぞ大変だったことだろう。

授業をしている時の感じであるが、「教室での授業とあまりかわりがない」という感じであった。つまり、特別に「よそのクラスで授業をした」という感じはなかったのである。観客が見えていたのは初めだけで、あとはほとんど意識に入ってこなかった。子供たちと私で、一つの世界を作っていたという表現が当たっているだろう。

ただ、マイクの音がスピーカーを通して、それが子供に伝わるというまだるっこさはあった。授業のテンポがずれるのである。私には、初めての経験であった。

それにしても、私には、まるで自分のクラスの子供たちのように思えた。さわやかで、明るい子供たちだった。

ある先生は、「向山先生が何回『そこのうしろの子』という表現をするか数えていた。

一回もしなかった」と言っていた。私は全員名前を言ったはずである。授業をする時には、全員の子供の名前がスラスラと出るようになっていた。

私は、前の時間に授業を参観しながら覚えたのである。メモをしながら覚えていったのである。

私の前に授業をした先生は、昨年の参観の時より格段に腕を上げていた。一年で、これほど授業がちがってくるものかと思った。

さて、私はというと、前の授業を横から見ていた。子供たちの中間地点である。

つまり、私は真横から見た子供を覚えていたことになる。

だから向き合って授業をするには、これを九〇度回転させなければならない。

これが、けっこう大変だった。

頭に入った座席の図面風景が九〇度回転しないのである。私は九〇度図面風景を回転することに没頭した。

全く名前を知らないクラスで一時間だけ授業を参観して、その中で全員(三、四〇名)の名前を覚え、次の時間、一人もまちがわずに名前を言いながら授業することがどれだけかんたんなことなのか、あるいはむずかしいことなのか、ぜひとも追試していただきたい。

たった一人でもよびまちがえたらダメなのである。たった一人の呼びちがえでも、授業の評価は格段と落ちる。

全員の名前を言えるようになって授業に臨むこと――これがこの学級の子供たちへの私の気持ちであった。教材研究とか授業の組み立てとか、そんなことよりも、全員の名前を覚えてから授業に臨もうとしたのである。

それも、「立ち会い授業」の時と同じく、一時間の授業を見て……。

これが、授業の雰囲気を作り上げたのである。「そこの人」という言い方と「名前」を呼ばれるのでは天と地ほどちがう。

すごい人は初対面でもすぐ名前で呼びかける。

授業の内容よりも重要なこのような面を見ないで、授業についていくら語ってもしかたがないと思っている。空論に終わるだけである。

次々と名前を呼ばれたことで、子供たちはおどろき、親近感を持ってくれたと思う。

それも、多分私は、自分のクラスの子供と同様に、親しみをこめて呼んだはずである。

なぜなら、自分のクラスの子供のように感じていたからである。

（2）初歩的常識的なこと

M小の公開発表が終わって、大分の先生から便りをいただいた。

向山先生が、M小に着いてすぐに、運動ぐつをはかれた時は、私も「しまった！」と思いました。くつぐらい自分で用意すればよかったと思ったのです。スリッパでパタパタでは、いかにもお客さんのようで、申し訳なかったと感じました。

でも、向山先生のくつは、本当にうれしく思いました。学校では、私も、くつをはいておりますが、スリッパばきの先生も多くいます。

私の尊敬する先生方は、みんなスリッパではなく、くつをはいて授業をしています。私も「ああ、それでよかった、やっぱり」と思ったのです。

くつの件は、私も新卒のころ先輩の先生に指導されました。そのころ私は、かかとの高い、歩くと音のするサンダルをはいていたのでした。

「サンダルはだめ、くつをはきなさい」と言われた時は、「そのぐらい、いいでしょう」と思ったものですが、今は、くつの方がいいと思っています。

また、授業の方も、多く学ばせていただきました。ありがとうございました。

実は、三年前の立ち会い授業の本を読んで、追試らしきものをしたことがあります。三年前です。

そのころは、障害児学級を持っておりましたが、「資料を二つ見せる」ことで、その子たちはいろいろな比較をし、思いもかけずたくさんの意見を出したことを覚えております。

もちろん「自分で調べる」といったところまでの意欲付けはできませんでしたが、大いに楽しんだことは事実です。その資料は、学校の学年別の人数でした。

向山先生の授業で、私が一番印象深かったのは、先生が最後に言われた「あとは、自分で調べてごらん」でした。この言葉が、ひどく重味があって、「調べてみようか」という気にさせられたことをよくおぼえております。

向山先生の、人にやる気をおこさせる指導を、実際にみることができ、本当にありがたく思っております。

また、ご指導下さい。

草々

一九八七・一二・九

向山洋一先生

私は授業をしに行ったのである。当然、靴を用意して行った。

また、三年前の立ち会い授業の時も靴を用意して行った。しかし、その時は、何の話題にもならなかった。

しかし、こんな初歩的常識的なことが、案外大切なのである。当日の全体会でも同じことが提出された。

靴にまで注意が行き届いた参観者がいたということは、嬉しいことであった。

(3) すばらしい先生とすばらしい子供たち

クラスをお借りした先生から便りが届いた。

きっと、多くの青年教師も同じことを思うだろうと、ご紹介する。

拝啓
向山先生、「授業研修フェスティバル」ではいろいろとお世話になりました。どうもありがとうございました。今日は先生に授業をしていただいたことについて少し書かせてください。

先生が私のクラスを使って授業をされる。そう初めて知らされた時、私はしみじみ〝幸せだ〟と思いました。なぜなら、それは私がずっと以前から持っていたはかない夢の一つだったからです。先生の生《なま》の授業をみる。それだけでも向山洋一を追いかける教師には、一つの夢でしょう。しかし、向山先生に自分のクラスで授業をしていただく。これはまた少し違った意味合いも含めて、夢のまた夢だと思うのです。

先生を目標とし、修業に励む毎日。思うようにいかないことの多い日々。未熟な青年教師の頭には、押さえようとしても押さえきれずに浮かんでくる一つの想いがあります。「子供が違うんじゃないか……」いやそんなことはない。教師が悪いから子供が動かないんだ。そう思い直しても、やはり心のどこかには「この子供たちは特別なんじゃないか……」そんな言い訳が消えずに残ってしまうのです。そんな時、必ずまた一つの想いが浮かんでくるのです。「向山先生ならどうだろう……」向山学級でもない。有田学級でもない。外の知らない学級でもない。今、自分の目の前にいて、自分が思うように動かせないで苦しんでいるこの子供たち。この子供たちでも、向山先生にうけもたれれば、あるいは授業してもらえば、本のように動くだろうか。教師になってから何度そう思ったことでしょう。まったく恥ずかしい話です。

自分のクラスで向山先生が授業をするところをみたい。そして、自分が授業をしている時とガラリと変わった子供たちをみたい。そうすれば、嫌でも自分の未熟さを一〇〇パーセント認めざるをえない。もう二度と子供のせいにすることもできない。そう思っていたのです。

そんなかなうはずのない夢がかないました。全国にはそんなことを思っている教師がいくらでもいるでしょうに……。今、私は、自分がいかに幸せな人間かを一人静かに想っています。

私も校長とともにこの三月でこのM小学校を去ります。どこへ行くか分かりませんが、もう今までのような生活はできないでしょう。でも私の本当の戦い、修業はこれからだと思っています。

頑張ります。

敬具

私はM小学校で、すばらしい先生と出会い、すばらしい子供たちと出会った。

感謝の気持ちでいっぱいである。

2　音楽の楽しさを二九年間生きて初めて知った

（1）すばらしい教師としての天稟《てんぴん》

初めて一年生を担任した時のことである。

「学校めぐり」の途中、音楽室に入った。

新任の女の先生が教えていた。音楽専科である。

教室の空気が明るい。ほんのわずかの時間いただけだが――つまり音楽室を通りぬける一、二分間のことだったが、授業の鮮やかな印象が残った。


音楽朝会は、体育館で行われた。

新任の女の先生は、グランドピアノを中央に出し、ピアノを弾きながら六〇〇名の子供たちの合唱指導をした。「うまい！」と舌をまかざるを得なかった。

一年生を担任した時である。

子供があまりにもかわいらしかったので「詩」らしきものを作った。

次から次へと文章が出てきて、一〇ほどになった。

放課後、音楽室に出かけて「曲」を作ってもらった。

「曲」を作るとは、ああいうことなのかと思った。

それまでは、苦労して、フレーズごとにメロディーを考えていくのだろうと思っていたのだが、全くちがうのである。

音楽の先生は、詩を一度読んでから、ピアノに向かった。すると、何と、そのままピアノを弾き出したのである。あっという間に一曲作ってしまったのである。

「少しイメージがちがうな」と私が言うと、「では、これでどう」と、次から次へとちがう曲が湧き出してくるのである。

これは、レベルがちがうと思った。あっけにとられて、私は聞いていた。

そのうちのいくつかは、子供たちに大変、気に入られた。


それから三年、三年生の担任の時である。

産休で休んでいた音楽の先生が出てくることになった(私の友人と結婚したのである)。

その一時間目の授業が終わった時のことである。子供たちは興奮して帰ってきた。

いかに音楽の授業が面白く、かつ楽しかったかを熱心に語った。

その教師の名前を大坂正美という。

調布大塚小学校には、授業のうまい教師は多かった。みんな名人級だった。そこまでいかなくても、かなりのものだった。

もちろん、他の学校の、授業のうまい人もずいぶん拝見してきた。

しかし、大坂正美氏の授業はちがう。

あれは「天才なのだ」と思った。

今までに、多くの授業を見たり読んだりした中で、ただ一人、私がそう感じた人である。

「天才」と言わないまでも、それに近い。

当然ながら「天才」は、努力の人とちがう体質を持っている。

授業に対する圧倒的な力はもとよりだが、定型がない。

自由でのびやかである。

そして、露悪的で自虐的な体質を持つ。

自分の欠点をえぐり出せるのはプロの条件の一つだが、天才肌は、それを自虐的に示す。

満座の中でストリップをするような、精神的な露悪性を持つ。

彼女は、私のことを「オッチャン」と呼ぶ。

西川満智子氏、小方シズエ氏、新牧賢三郎氏などと、よくカラオケなどに出かけたから親しい間柄なのだが、それにしても「オッチャン」である（西川・小方・大坂の三氏のカラオケはすごい。店内がシーンとなる）。

研究授業の時の大坂正美氏の指導案――「ナンジャコレハ」というような、およそ何の形式もないメモであった。およそ、そんなことには、無頓着なのである。

それでいて、授業はすごい。

しかし、どうやったら、あれだけ子供たちを夢中にできるのか――大きなテーマである。

当然ながら、大坂氏は、まじめな努力を重ねたわけではない（だろう）。研究授業にもあまり顔を見せない。

(2) 表情が豊かなこと、明るいこと

東京地方合宿で「実技を入れてみたい」と事務局担当者に相談された。

根本正雄氏の体育実技はすぐに決まった（好評であった）。

もう一つ実技がほしい。

私は、ためらわずに大坂正美氏を推薦した。

「実技なら絶対この人である。この人は天才なのだ。一度聞いておく価値がある」

会場も波多野ファミリスクールの体育館を借りることができた。

ところが、合宿一週間ほど前になって、大坂正美氏から電話があった。

子供のぜんそくがひどくて出られそうにないと言う。

他の人をたのんでいると言う。

ありがたいことだが、「他の人では駄目だ」と私は答えた。

大坂正美氏に替わることができる人なんて、日本中さがしたっていないと思うからである。

子供の病気ならしかたがないが、せめて授業風景の「ビデオ」をとっておいてほしいとお願いした。


当日、子供の調子は悪かったらしいのだが、ご主人が子供の面倒を見て一緒に参加してくださった（ご主人は私の高校時代の一年先輩である。私の前の代の生徒会長であった）。

波多野ファミリスクールがどんな所か、その理事長の波多野里望氏がどんな人かも知らず、何の準備もせずに彼女はやってきたわけである。

世俗的な、こういうことにも全く無頓着である。
その場で、いつものごとく始めたのである。
ここから後は、当日の参加者の感想を示そう。
M・F氏
大坂先生の音楽は先生の個性もあって大変楽しかった。あのような先生に教わる子供は幸せだと思う。指導法の一端でも身に付けたい。
I・M氏
大坂先生の音楽実技、ほんとうにすばらしかった。声が出なくても、心が前に出ていく感じがつかめた。
早く教室へ戻って音楽の授業をしたい。
Y・H氏
大坂先生の音楽、もう最高、体の中はどんどん熱くなっていくのに、体中鳥肌が立っていた。
これぞ音楽。音楽がこんなに楽しいものだなんて二九年生きて、今日はじめて知った。
N氏
今までの法則化合宿にない企画があるということで参加しました。たいへん勉強になりました。特に大坂先生の表情の豊かさ、明るさには自然にまきこまれていく感じでした。
I・N氏
みんなすばらしかったですが、何よりもすばらしいと思ったのは、大坂先生の音楽実技研究でした。大坂先生のお話を聞いているうちに、つい歌いたくなってしまいました。本当に音を楽しく出す音楽でした。
歌を歌うにも、いろいろな助言が大切なことがよく分かりました。
I・Y氏
すべてすばらしかったのですが、その中でも特に根本先生、大坂先生の実技指導はどう表現したら良いのか分からないほどです。
〝とにかく感激！〟の一言。
T・N氏
大坂先生の音楽、やはり音楽を教えるには、ああでなくてはいけないんだなあとつくづく思いました。
T・M氏
全身をつかって楽しく歌を盛り上げていく、感動的でした。

音楽はやっぱり楽しいんだって、あらためて思いました。歌のもつ楽しさ、優しさ、悲しみ、苦しみ、怒りが表現できるような指導をこれから心がけたいと思います。

氏名不詳
大坂先生の授業やはり向山先生が天才と言われる先生です。何年ぶりかで大きな声を出してしまいました。

大坂先生の明るい表情が印象的でした。

氏名不詳
あえて順位を付けますと、一位は大坂先生の音楽実技。

表情の豊かさにひきこまれました。音楽ってこんなに楽しいものかと思いました。

氏名不詳
大坂先生の指導はほんとうに楽しくて幸せいっぱいでした。久しぶりに思いっきり、気もちよく歌うことができました。私もあんなふうに楽しく授業をしたいなと思いました。

以上ざっと紹介してみたが、これだけの教師の心を捉えてしまったのである。

夜、お礼の電話をかけた時（私は大阪合宿に出席していた）、「オッチャン、法則化の人ってみんな知性的で素直だね。あの人たちきっと伸びるよ」と大坂氏は言っていた。
さて、本項のテーマである。
大坂氏が、多くの教師を引き付けた一つの側面は多くの教師が書いている。

表情が豊かなこと
明るいこと

この二つである。子供とのつきあいでも同じなのである。

3　「ツーウェイ文化」は「屈辱の鉄鎖」を解き放した

(1) 双方向性文化の時代

当たり前のことだが、私たちは教師として子供と付き合っている。

当たり前すぎることだが、これが子供との付き合いのすべてである。

これを「理念」ではなく「事実」で考えてみよう。

たとえば、「跳び箱が跳べない子」がいた時に、どのように付き合うのが「教師としての誠実さ」なのか。

一部の民間教育団体幹部や一部の大学附属小学校教官や一部の大学教員の言うように「跳べるだけが教育ではない」ということで、結果として、「そのまま」跳べない状態にしておくことが誠実なのか。

「跳ばせる方法」を学び「跳べない子」を跳ばせるようにするのが誠実なのか。

どちらの教師が教師として誠実なのか？

誰にだって分かる。当たり前のことである。

とりわけ最近は、日本全体の知的水準が高くなったため、どんなに立派な理屈を付けても、そんなことは見すかされてしまうようになった。

「理念」より「事実」がものを言うようになってきている。

かつての「教養文化」「啓蒙文化」の時代は終わって、それぞれの人が情報を判断するという「双方向性文化、ツーウェイ文化」の時代になっている。

「跳び箱」に対する態度は、「誠実さ」の問題であるとともに、「文化のあり方」の問題でもある。

「跳び箱は跳べなくてもいい」という人が「大切なのは主体性を育てることである」などと言っているのを聞くと笑ってしまう。

「跳び箱の指導法」は、まさに「教師の主体性」を尊重するツーウェイ文化の結果として広がっているからである。

自分自身の立場を啓蒙文化の位置に閉じ込めておいて（つまり一方通行文化の受け手に置いておきながら）教え子の主体性を育てるなどと言うこと自体、おこがましい。

教師としての「受信者としての位置」と「発信者としての位置」が分裂しているのである。

(2) どれほど小さな技術だとしても

それにしても、テレビ朝日で法則化運動が特集された時の反応はすごかった。跳び箱が跳べない子供が数人出演したのだが、なかでも三人目の女の子は、誰しも「跳べないだろう」と思ったらしい。

法則化運動のことを、大学の教育系の先生方は嫌っているようだし、自分は名人だなどと心ひそかに思っている先生方にはご不評なようだが、それ以外のところでは法則化運動が炸裂するように広がってきた。

若い教師が中心だが、若い父母だって支持して、若いマスコミだって支持するようになった。そして、年輩の心ある人々も強く支援するようになってきた。

明治図書はもちろんのこととして、朝日新聞、毎日新聞、NHK、福武書店(現・ベネッセ)、主婦の友、日本教育新聞、全国へき地新聞、学研、大修館、日本体育社、日本書籍、あすなろ書房、書いていけばきりがないくらい法則化運動にかかわって取材をされている(出版依頼、原稿依頼という形式も含めて)。

テレビ朝日放映の場合は、同じ時期にNHK教育テレビで「人間家族」の跳び箱指導が放映されたこともあって反響は一気に爆発した。

これを機にこれまでのアポイントメントと相手がちがってきた。映画会社、ビデオ会社、コンピュータ会社、デパート（三越本店）。

たとえばある雑誌からの依頼。

「どんな時間でも取材にうかがいます」とこちらの都合を優先して仙台での取材となった。

たかが跳び箱である。

研究会で「全員を跳ばせられた」と報告すると、民間教育団体の人々や大学附属小学校の教官や大学の教員は、「全員を跳ばせられたから何だ！」と言うそうだ。私の所に次々とそういう報告が入る。

私もそう思う。でも、跳ばせられることがなぜこんなに多くの人々を引き付けるのだろう？　日本全体で言えば、びっくりしている人が圧倒的多数だ。

確かに、一部の人には、「そんなことはどうでもいいこと」らしい。いや、そればかりではなく「全員を跳ばせること」に反感さえ持っている人もいる。

でも、それ以外の人々は、みんな驚く。

たとえば、大阪の七月三日の朝日新聞には「テレビ番組で知った、五分で跳び箱が跳べるようになる事実から、長年抱いてきた屈辱の思い出から解放された」という投書が掲載された。

たかが跳び箱である。

しかし、投書の主は指導できない教師のせいで、二十数年間自分の運動神経が鈍く、もしかしたら体に欠陥があるのではないかという屈辱の思い出を抱き続けていたという。

それが、テレビの法則化運動の行っている跳び箱指導の放映を見て解放されたのである。

無駄なコンプレックスからは解放されなければならない。

このような「二十数年間の屈辱の思い出」も解放されなければならない。

これは教師だけができる仕事なのだ。

当時の先生は、ただ「跳べ、跳べ」と言うばかりだったという。現在も、事情はほとんど変わっていない。だから「向山式跳び箱指導」は次々と広がっているのである。

ほとんどの民間教育運動の中心人物は、法則化運動を非難されているが、非難で問題は解決しない。

人の心を動かせるのは事実なのだ。「二十数年間の屈辱の思い出」を抱き続けた人間に対して、今までの運動やら教育学やらは無力だったのである。何も解決できなかった。

こういうことを解決していくのが教師の仕事ではないか。

もちろん、すべてがうまくいくことはない。何十万、何百万の教師の努力にもかかわらず、教師が積み上げた技術はまだまだ少ない。しかし、そこから出発する他はない。

どれほど少なくても、どれほど散逸していようと、全国津々浦々の教室から一つ一つていねいに拾い集め、教師の共有財産にしていかなかればならない。どれほど小さな技術だとしても、そこには幾多の教師の汗の結晶がある。教師の誠実さが、その一つの技術を生み出したのである。

このような技術に対して「ミソもクソも一緒にする」と批判される研究者がいる。大学の教官がまとめられた「理論的」な「まとまった」技術体系は「ミソ」であり、教師が作り出してきた一つ一つのバラバラの技術は「クソ」とのことらしい。

だから、彼等と私とでは発想がちがうのだ。立っている場がちがうのだ。たしかにバラバラの取るに足らぬ技術である。点数を付ければ二〇点にもならぬかもしれない。しかし、一つ一つの教育技術は、間違いなく教師が創り出したのである。名前さえ分からぬ幾多の教師が作り出したのである。しかも、自分の教え子を前に置いて「何とかしたい」という心情から作り出したのである。私は、そのような技術を「クソ」の技術と非難することはできない。それは、教師の誠実さへつばすることになるのだ。

確かに、ささやかすぎる技術もある。中にはほめられない技術もある。しかし、私たちはそれらを拾い集める。全国津々浦々の教室まで、すべて拾い集める。これらの技術の中から、本当に役に立つものを残していけばよい。改良していけばよい。ないものは作り出していけばよい。

このようにして、二一世紀までに、基本的な作業を終え、法則化運動は一旦幕を閉じた。その後は新しい時代の若い教師たちが、さらにそれを前進させてくれている。

二一世紀の教育には、二一世紀のロマンと課題があるはずである。私たちは二一世紀の教師に後の仕事を託せばよい。

我々は自らに課した教師としての仕事の責任を果たした。後はあなたがたの仕事なのだと。

(3) 教師の誠実さ

私たちは「教育技術の法則化運動」がすべてであるなどと思っていなかった。教育の仕事に対する努力の一つであると思っている。他にも、様々な形の努力があって然るべきだ。

しかし、今までの努力には、ずいぶんと労力の無駄があって、努力の割には実を結んでこなかった。一言で言えば「きれいごと」ですませてきたからである。もう一言付け加えれば「りこうぶってきた」からである。

書いた本人しか読まないと言われる夥しい数の研究紀要。これは、もったいない話だ。多くの人の役に立つような工夫の仕方があるはずだ。

やたら、訳の分からぬ漢語が連なる教育書。

少し前までは有難がっている人もいたけれど、今では誰も読まなくなった。

「なげかわしいことだ」と言う人がいるかもしれないが、話は逆で、日本全体の知的水準が上がったために、もっともらしい割に無内容な文章は相手にされなくなったのだ。

つまり、教育学関係の本のほとんどは「無内容である」ということがまわりの人に分かってしまったのである。

それにもかかわらず、ひどい大学教授は、法則化の本を読みもしないで、大学で「法則化批判」をやっている。初歩的な誤認をしているために、言っているご本人は青年から軽蔑されているのである。

法則化運動の教師は本をよく読む。驚くぐらいに本を買う。理論書もよく読む。一般書もよく読む。

そのため、家計が圧迫されてつらいという声もあるが、みんな明るい。一人当たりの書籍代の平均は、すべての研究団体の中で、法則化の教師がダントツだろう。

中には書店に本代の借金をためてしまった教師もいた。

教師が本屋に「つけ」を作る。これは正常なのではないかと思う。飲み屋の「つけ」とはちがうのだ。伸び盛りの教師が書店への借金を抱えて勉強しているのである。伸びる時には、そんな時期があってもいい。不勉強な研究者など、相手にされなくなるのは当然である。

「できないこと」をできるようにさせるために学ぶこと、学び続けること、それは教師の誠実さなのである。

一冊の教育雑誌、一冊の教育書、それを求めることは、教師の仕事に携わった人間の誠実さの証明なのである。医師が、最新の治療を学び続けることと同じなのだ。

教師の誠実さは「言葉」で示せるのではなく、教師の行為、教育の事実として示されるのである。

4　子どもチャレンジランキングの具体化

(1) 子どもチャレンジランキングの起ち上げと初のマスコミ取材

一九八六年、当時私が連載をしていた『小学校学級経営』誌で「全国に子どもチャレンジランキング(以下、チャレラン)を発祥させよう」と呼びかけた。子供たちが喜んで挑戦するような身近な遊びを用意し、それらにチャレンジするシステムを考えたのである。チャレランは、小学校の片隅で誕生したといってよい。

それから、わずか五年の間に、チャレランは学校に止まらず、地域をはじめとするいろいろな分野にまで炸裂するように広がりを見せた。

たとえば、一九九〇年に大阪で開催された「国際花と緑の博覧会」いわゆる「花博」参加の企画が、八八年に持ち込まれた。私たちは急遽チャレランの運動をこれまで以上に組織化することに迫られ、「日本子どもチャレンジランキング連盟」を発足させた。八九年は、地方博覧会への参加やドラえもんとのジョイントイベント開催など、次々と大きな仕事に携わってきた。

このような経緯に至った出来事を、もう少し詳細に述べてみる。

八七年、私が編集長の『教室ツーウェイ』誌上に、チャレラン種目一覧（三分野七〇種目）と解説を二〇頁にわたり特集した。そして、以後、チャレランに参加してきた子供たちの名前や種目の記録をランキング化してそれを掲載していった。

この最初のツーウェイ誌特集を目にした毎日新聞社の記者から初のマスコミ取材を受けることになったのである。そして、それが全国紙に次のように掲載された。（以下概要）

遊び文化の復活願い、〈ギネスブック・子ども版〉（毎日新聞・一九八七・八・二七）

「リンゴの皮を何センチむけますか」「ドッジボールのヘディングを三〇秒間で何回できるか」――小学生にいろんな技への挑戦を呼びかけてランキング表を作っている先生がいる。名付けて「子どもチャレンジランキング」。子供の得意なものを引き出して自信を付けさせるとともに、子供の遊び文化の回復をめざすのが、ねらいという。お宅でも子供に何か挑戦させてみては……。（中略）

チャレンジランキングには、三つの分野が設けられている。

第一分野は個人種目。「紙飛行機を何メートル飛ばせられたか」など個人で記録に挑戦するもので五一種目ある。

第二分野は黒帯通過種目。「鉄棒で逆上がり一〇回」など、あらかじめ設けた基準に達すればランキング入りできるもので、一五種目ある。

第三分野は団体種目。クラス全員かグループで記録に挑戦する。種目は「長なわとびで何回跳べたか」など一〇種目。

挑戦者は証人として先生か親、友達に立ち会ってもらう。この証人名と記録、実施した日、取り組みの様子などを書いて事務局に郵送する。これを種目別にランキングにして、毎月『教室ツーウェイ』誌に発表する。

事務局に寄せられた報告はこの一年間で約一五〇件。「まだ少ないが、意欲的な教師はチャレラン係を作ったり、写真入りの報告をしてきたりする。」「また、障害児学級から一分間に豆を箸でつまんで皿に何個移せるか、という種目に挑戦した報告も送られてきた」と事務局担当者は言う。

もちろん事務局担当の先生の学級でも、記録に挑戦することで、「クラスに活気を付け、一人一人を生かし、勉強やスポーツに力を発揮できない子にも光をあてられる」とのメリットを感じているようだ。

全国紙に載ったこの記事の最後には、事務局担当者氏名と連絡先が明記されていた。

この反響は実に大きかった。記事を見てすぐに事務局担当者に取材申し込みがあった。東海ラジオ、ＲＫＢ福岡毎日放送、朝日小学生新聞、フジテレビ……。

さらには、これらの記事や映像でチャレランの存在を知った方々から、問い合わせが多数寄せられることになった。当時の勤務校では、休み時間ともなると「向山先生、お電話です。職員室にお戻りください」と呼び出しの校内放送が、何度もかかってきた。そのほとんどは、チャレランの問い合わせであった。

一方、各地から送られてきた記録の報告は、一二月末には全都道府県まで広がり、約七〇〇校、七〇〇〇人の子供たちの記録が、事務局担当者の手元に集まった。これらのランキング記録は一冊の本となって八八年八月に発刊された。

これまでは、おもに学級で取り組まれていたチャレランが、八八年になると学校行事としても活用されてきた。たとえば「全校チャレラン集会」「〇〇小チャレンジフェスティバル」という名称のようにだ。

ある集会担当者は、次のような提案をして、チャレラン集会を開催にこぎつけた。
①行事を通して、子供は大きく成長します。

②子供一人一人の特技を生かせます。
③自分たちで用具が準備できます。
④自分たちで練習できます。
⑤一年から六年までのたてのつながりが生まれ、普段の遊びにも発展します。
⑥学習以外の子供の新しい一面が見られます。

また、別の県でのチャレラン全校集会では、次のような作戦を立て、大成功をおさめた。

作戦1 「やり方説明書」を校舎内にくまなく貼る。
作戦2 ジャンボポスターを貼る。
作戦3 集会前日に、PRビデオを見せる。
作戦4 放送室から実況中継もする。

参加した低学年の子供たちは、次のような感想を寄せた。

○今までの集会でいちばんおもしろかった。いろいろな種目のゲームがあって、それを友達と自由に回れたのがよかった。また来年もやってほしい。
○記録証をいっぱいもらえてうれしかった。六年生もやさしくしてくれた。
○放送ですいてる種目を教えてもらえてよかった。

このように、学校行事としてのチャレランが活発化するだけではなく、様々なところへも広がりを見せていった。

（２）炸裂するチャレラン運動

前述したように二年後の「花博」に向けて、「日本子どもチャレンジランキング連盟」を発足させた。八八年五月の発会式には、文部省社会教育局、国立青少年センターをはじめテレビ局、新聞社、出版社の方々を中心におよそ三五社、五団体で、関係者七〇人以上が参加された。

さらに発会式後、取材申し込みや問い合わせが、次のようなところからも寄せられた。

総務庁・健全育成国民会議、ＮＨＫ報道部・特報部、共同通信社、電通、博報堂、講談社、日本ＩＢＭ、仙台市、川崎市、高島屋本店はじめ三〇機関ほど。

こうした問い合わせ先から、川崎市道路フェア、仙台市民まつり、京都幼児フォーラムなどでチャレラン大会が開催された。

また、代々木の国際青年の村（オリンピックセンター）では海外の青年リーダーがチャレランに参加した。さながら世界大会の様相であった。

一一月には、日本TVの「ズームイン!! 朝!」にチャレランが登場した。全国六カ所の学校が同時中継で放映されたのである。以後、ズームインではチャレランの放映が定例化された。

そして、八九年は、チャレランはイベント大会としてさらに普及していった。この年は市制百周年にあたる姫路シロトピア、静岡SUNPU博など、全国各地の地方博覧会へ参加した。

だが、何といっても、この年の一大イベントは、ドラえもんとの共催イベント「ドラリンピック」の開催であった。この年は、ドラえもん連載二〇周年という記念すべき年であった。これまでもドラえもんタイムカプセル、熱気球といった感謝サービスを行ってきたが、二〇周年という節目にあたり、それにふさわしいイベントを企画していた。そんな中、小学館の二人の編集長が新聞・雑誌などでチャレランの存在を知り、連盟を訪れたのである。

そして、ドラリンピックは全国五カ所を縦断する秋の大型催事となった。札幌大会を皮切りに、名古屋、福岡、大阪、最後は千葉の幕張メッセ。しかもこの最後の大会は、文部省の第一回生涯学習フェスティバル(まなびピア'89)大会の出展催事としても位置付けられた。

この千葉大会の子供の参加は一万六千人で、同伴者を含めると約三万人にのぼった。

なお、チャレラン連盟は、この第一回まなびピアの参加で、当時の文部大臣から感謝状をいただいた。

ドラリンピックの種目は、①連続ドラえもんだし(さいころふり)②くつとばし③ドラ五段跳び(五歩でどこまでいくか)④ぞうきんがけ⑤ドラジャン(ジャンケンカード)という規定種目である。その他、空き缶積み、鉛筆積み、豆つかみ皿移し、紙ちぎりのばしなど、一〇種目以上用意されていた。

どこのコーナーも多くの子供たちや同伴者が長蛇の列を作っていた。ボランティア審判員を二〇〇名付けたが、それでも対応しきれなかった。しかし、子供たちは自分の番が来るまでじっと我慢をして並んでいた。

さらに、九〇年になるとさらに地域イベントとしても拡充した。商店街、遊園地、歩行者天国、河川敷などでの地域の祭り、国際スポーツフェア、健康フェスティバルなどでもチャレラン大会が行われた。さらには、村おこしや地域の活性化にも採用された。農林水産省「まちとむらの交流大会」をはじめ、地方の自治体でも採用されていった。

そして、「国際花と緑の博覧会・いのちの塔前広場」では、半年間にわたるチャレラン大会で、参加者は一〇万人に及んだ。

(3)チャレラン種目の内容

チャレランの呼びかけが始まり、二年間で七〇〇〇名の記録が集まった。それを集計してチャレランの記録第一集が出版された。その時の種目は次の三分野に分かれていた。

第一分野　個人種目　ある種目に取り組みその結果を報告する。それを集計して、記録順に名前と記録を並べてランキングにする。

①紙飛行機投げ(滞空時間・飛距離を測定する)
②片足けんけん五〇メートル走
③紙ちぎりのばし三分間
④空き缶積みなど

第二分野　個人黒帯種目　ある種目について二つから三つ程度の通過すべき基準を設け、それらをすべてクリアすればよい。記録の順位は関係しない。

①けん玉連続(大皿、中皿、小皿それぞれを連続一〇回できる)
②馬と輪(竹馬、一輪車でそれぞれ三〇メートル進める)
③リコーダー三曲(学校で習った曲一つ、歌謡曲やテレビの曲一つ、チャルメラの三曲を楽譜を見ないで吹ける)など

第一分野　集団種目　数人のグループ、学級全体などで取り組む。通過基準をクリアすれば、順位に関係なく、名前が載る種目、あるいは記録順に名前が載る種目がある。

①跳び箱台乗り（跳び箱の一段を台にして、その上に何人が乗れるか）

②長縄8の字連続跳び（連続と通算の部があり、各五分間、一分間。また時間制限なし）

③月間読書数（総数、一人平均の部）など

このような種目からスタートをしたが、全国各地での様々なチャレラン大会を重ねるにつれて、ご当地特有の種目や新しい種目がどんどん開発されてきた。

そして、現在では章末に掲げたような種目が二〇〇九年より、設定されている。

まずは種目の種類が右の三分野から、個人種目・ペア種目・チーム種目・団体種目・レベル型種目・ペーパーチャレランの六分野と細分化されている。これは、種目に取り組むことによって生じた課題を何度も検討を重ねて改善されてきた結果である。

起ち上げ時は、このような種目は、七〇だったが現在では二〇〇以上にもなっている。

その内容と事例を以下に紹介する。詳しくはチャレランの公式ＨＰを参照されたい。

「夢中で遊ぶ子、100%へ！」NPO法人日本子どもチャレンジランキング連盟
■公式サイト「チャレランランド」■
http://www.challeran.jp/
■無料の公式メールマガジン「めるまがピピタ」■
http://www.challeran.jp/?p=21
■公式Facebookページ■
http://www.facebook.com/ChallengeRanking

個人種目：一人で挑戦する種目
豆つまみ皿うつし：豆を箸でつまんでとなりの皿に移す。一分間で何個できるか。
ペア種目：二人ペアで、協力し合って挑戦する種目
風船ドカーン・空気を入れて風船をふくらませて、どれくらい早く割ることができるかに挑戦する。
チーム種目：五人一チームで力を合わせて挑戦する種目
チーム一分間馬跳び・五人で次々に馬跳びで跳ぶ。

団体種目：一〇人以上で挑戦する種目
長縄連続跳び・みんなで次々と長縄を跳ぶ。
レベル型種目：設定された目標記録に挑戦する種目
レベル型かさバランス・傘を立て続けられた時間で、ビギナー、ミドル、スタンダード、テクニシャン、マスターの各レベルに認定される。
ペーパーチャレラン：迷路型シートを使った学習ゲーム
フルーツチャレラン・いちご↓さくらんぼ↓ぶどうのイラストが描いてある迷路を順番に進み、いちごをたくさん集めて、いちごの得点を計算する。

5　貧困なイメージに豊かな実践を閉じ込めてはならない

（1）遊びの重要性

私が、なぜチャレランを作ったのか。それは、子供たちを遊びに熱狂させたいと考えたからにほかならない。もっともっと遊んでもらいたいと思ったからである。

子供は遊ばなくなったと言われる現状があり、私にとってそれは大きな憂いなのだ。なぜなら、「子供は遊びの中で学び、たくましく成長する」と考えているからだ。

友達との付き合い方、身の処し方、目標への挑戦、成功や失敗、一人一人の役割、リーダーシップとフォローシップ、耐えること、努力すること、工夫すること、作戦を考えること、弱い子へのいたわり、ルールを守ること、技能の習得など、数え上げればきりがない。

チャレランの発足当時の子供たちの様子について、教育社会学の研究者であり、日本子どもチャレンジランキング連盟会長でもある明石要一氏は「よみがえれ！　路地裏のギャングたち」というタイトルで、二つの特徴について述べていた。

> 一　増える傍観者遊び

二　ルールのある集団遊びができない

つまりこういうことである。

昭和四〇年代ころから、街中でギャング集団が消えていき、子供独自の集団がなくなった。その結果、遊ばない、遊べない子供が出現したという。

その具体的な姿の一つが、傍観者遊びである。あなたも砂場で泥んこ遊びをしている子供たちから、離れたところで、母親の衣服や手を握り、じっとその様子を興味深く見ている子供を発見したことがあるに違いない。その子は、むろん砂場で一緒に遊びたいのだ。しかし、母親がその子らに頼みでもしない限り、仲間に加わることができない。

このような、友達の遊びを近くで眺める行動を「傍観者遊び」というそうだ。この原型は、三、四歳くらいに見られるのが一般的であったが、この当時では、それがもっと上の年齢、小学校にまで上がってきたということだ。

縦割り集団の遊びに不可欠なのが、「メンバーの分け合い」である。野球やどろけいなど二組に分かれる遊びには、かならず「とりっこ」が行われた。ガキ大将が、年齢やうまさを考えてジャンケンさせ、余った子供をどちらかの組に入れたりした。この「とりっこ」

の結果が遊びの面白さを倍増させるのである。ところが、現在はこうした遊び方が上手にできなくなってしまったということである。一人遊びに慣れてしまったため、いざルールのある集団遊びをしようとしても、どう遊んだらよいか、分からないでいるという。

こうした遊びの実態をふまえ、子供たちに遊びの復活を願うことに誰も異論はないであろう。そこで、子供たちに遊びを復活させることをめざし、チャレンジランキングを具体化していったのである。

実は、チャレランの他に、遊びの重要性について別の観点から主張したことがある。それは、「遊びケーション」である。

法則化時代に「遊びケーション」という用語を作り出した。

「遊び」＋「コミュニケーション」で「遊びにおける人と人との絆」という意味である。

子供にとって、「遊び」は極めて大切なものである。

「遊びをせむとや生まれけむ」という古謡然り、また「よく学びよく遊べ」も不朽の名言である。

遊びは、本質において、子供と子供のコミュニケーションを作り上げる。子供と子供の絆において、子供は多くのことを学ぶ。授業でも子供は多くのことを学ぶが、しかし、前述したように授業と同じくらい価値あることを遊びの中でも学ぶのである。

教師は授業することを主たる仕事としている。それは、これまでの知識・文化を伝えるためである。しかし、本当は遊ばせることも仕事なのである。それは、一人の子供を人間として成長させることこそ、教育の基本目的であるからだ。その一つの表現が「授業」であり、別の表現が「遊び」なのである。

かつて、私はとても粗暴な男子を担任した。友だちは一人もいなくて「僕死にたい」と言っていた。ある事件をきっかけにその子は友人と遊ぶようになった。

その一場面を見て私はぞっとした。その男子が友人の肩に自分の腕をかけたのである。しかし、その男子は、相手を殺すくらいの力で締め付けてしまったのである。どのくらいの力で肩にかけるのか、誰にでも分かるはずだ。そんなことは自然に身に付くことである。ところが、一人も友人がいなかったその子には、「友人の肩に腕をかける」ということさえ、できなかったのである。

ほとんどの子が、遊びの中で、意識さえしない中で学んできたことをその男子は学んでこなかったのである。「僕死にたいんだ」と私に訴えたその子の計りしれない孤独な姿をそこに見て、私は胸が締め付けられる思いであった。

教育の中で「遊び」がもっと正当に位置付けられるべきなのだ。指導要領のなかにせめて一カ所「遊び」という言葉が入るべきだと考える（現在では、生活科の中で登場するようになっている）。

教室で遊びを流行させるのは、教師の役目だと私は考えている。持ち込む遊びは教師が得意なものでよい。

私の学級の場合は、まず男子には将棋、女子にはオセロを紹介した。さらにけん玉、手品、もちろん百人一首も持ち込んだ。次に、外遊びを持ち込む。鬼ごっこの類。またドンジャンケンである。クラスの雰囲気がよくなってきたら、さらに男女対抗腕相撲大会。

教師は多数の子供が一緒に遊べてしかも面白い遊びをいっぱい知っていなければならない。また盛り上げていく技も持つべきなのだ。

皆で遊べば楽しい。先生が一緒ならもっと楽しい。男女が一緒なら最高だ。クラス全員で遊べるクラスは、よいクラスと断言してよい。

（2）競争ぬきの「遊び」「スポーツ」は正常でない

前項で遊びの重要性について述べたが、なかにはチャレランを批判する人もいた。ランキングが問題だという。ランキングとはつまり競争である。

私は「遊び」と「スポーツ」では、ある種の競争が必要だと思う。

競争がない「遊び」「スポーツ」は、あることはある。ハイキングや魚つりなどがそうであろう。

しかし、鬼ごっこをはじめ、陣とりなどの人気のある集団遊び、サッカー、水泳、陸上、バレーボールなどというスポーツは、どれも競争がつきまとう。

ランキングぬきの、競争ぬきの「遊び」、「スポーツ」は、どこか正常でない。

遊び、スポーツの世界での競争の中でこそ、ルールや人間関係、がまんするなどの特性を学ぶのである。遊び、スポーツは子供に心理的負担をあまり与えないからだ。

「競争」が行われる部分と、そうではない部分と区別すべきなのである。

私の実践でいえば、パーティーはほとんど競争はない（但し、方針の選択がある）。しかし、百人一首は競争である。

裏文化の中で（それは多くは遊びであるのだから）競争があってもいい。

でも、それでもランキング入りできない子供が出てくる。従って、チャレンジランキングは、再度言うが次の三つの分野に分けることとしたのである。

第一分野は、個人種目のランキングである。

第二分野は、個人の黒帯種目、ある基準を突破すれば誰でもランキング入りする。

第三分野は、それでも入れない子供もランキング入りできるための集団部門。つまり、自分たちの目標を決め突破した時のランキングである。


この他に、危険な種目の排除、時間を長くがんばることの排除、偶然性の作用する種目も入れる、多くの分野を入れるなどの配慮をした。

ランキングが持つエキサイティングな部分と危険な部分を十分に考慮して組み立ててあるのである。

(3) 子供文化の創造

実践というのは常に理念より豊かである。実践は、様々な有益な方向を示してくれる。

ただし、実践から学ぼうとしない人、イメージの貧困な人には無理もある。イメージの貧困な人は、自分の理念の世界に固執し、自らのイメージの世界に実践の豊かさを閉じ込めてしまう。学ぼうとする謙虚さの欠如が、イメージの貧困をもたらすのである。イメージの貧困が実践の豊かさを閉じ込めるのである。

手さぐりの状態で出発したチャレンジランキングではあるが、学校教育の中にどのように位置付けられ、何を主張したいのかが実践によって切りひらかれてきた。

私は「児童活動は、どのような活動をすべきか」という問いに対して、次のように答えたことがある。

「自分たちの問題を自分たちで解決していく力を付けるとともに、文化・スポーツ・レクリエーションの場を提供し、それによって人間関係のあり方、技能を育てていく活動だ」

学級の当番活動、係活動は、この両者によって説明することができる。当番活動は前者の意味が強く、係活動は後者の意味が強い(学年が下がるほど混在状態となる)。問題は、学級の係活動が「文化・スポーツ・レクリエーション活動」を提供するほど豊かであるかどうかである。

これらの活動は、集会活動とよばれるイベント活動と常時活動とに分けることができる。集会活動の中では、スポーツ大会、お楽しみ会、のど自慢大会、ゲーム大会など、様々な活動がなされる。

問題は、日常の活動である。

「学級新聞」「生き物係」などというものがありながら、全体としては十年一日でかわりばえがしない。いや、かえって逆にやせ細っていて、私が新任の時より貧しい活動がなされている。

教育雑誌などを読んでもそれを感じる。教師は、魅力ある日常的な活動の場を提供できないでいる。

かつて学校でブタを飼った、学校で犬を飼ったなどというユニークな教育はありながら、そのユニークさ故に全体のものとはならなかった。しかし、意図は分かる。裏文化を学級の中へ持ち込めということである。

サッカーがうまい、ピアノがうまい、歌がうまい、走るのがはやい、水泳がうまい、絵がうまい、作文がうまい……。

このような表文化のためのイベント日常活動は、学校生活ではこと欠かない。正規の授業の他にでさえ、様々にある。クラブ、学芸会、展覧会、水泳大会、陸上大会、作文コンクール、各種コンクール……。表文化に強い子供たち(多くは優等生だろう)には、陽の当たる場所がある。

しかし、子供は表文化のみで育つのではない。虫をとるのがうまい、コマを上手にまわせるなどという裏文化の中でも育っていくのだ。

今日の教育の問題点は、「表文化が過剰になり、裏文化が極度にやせ細ってきた」と言うこともできる。

だから、ＰＴＡによる伝承文化の催し、学校ギネスの作成などは、本質的にこの問題点の克服として生じてきたのである。裏文化を大胆に子どもの教育の中に取り込み、できたらイベント活動と共に日常活動化せよ、ということが必要なのである。

「チャレンジランキング」は、まさに、この必要性に応えるものであった。

クラスの中に、チャレラン係が誕生した。係という活動の中に取り入れられた。

チャレラン係は、朝の短い時間を利用して、週に一回のミニ集会を計画するようになった。一週に一つの種目に取り組むのである。

さらに、チャレラン新聞という係が誕生した。全員の記録を載せ、種目についての説明を行い、次回の予告をするのである。チャレラン認定証なども作られるようになった。記録する係、写真をとる係もできた。そして、これらの記録が、雑誌にのせられ、全国的に交流されるようになった。子供の間に生まれたツーウェイである。

さらにそれは〇〇小フェスティバルなど、全校規模の取り組みを生んでいる。

これは、子供文化の一つの創造である。裏文化を軸としながら、一つの子供文化、学校文化が創られつつあるのである。

これまでの二〇年間、まるでかわりばえのしなかった「係活動」の分野に、有力な活動分野が創設された。

実践の豊かさを、貧困なイメージに閉じ込めてはならないというのはこのことである。

実践に学び、それを切り拓いていくべきだというのはこのことである。

これから、多くの問題が生じるであろうし、多くの実践が創り上げられるであろう。

そして、それらが教育の場に根づくには、なお、多くの時間がかかるだろう。

しかし、子供の児童活動の分野に一つの有力な方法を創り出し、そのことを通して現在の状況に対する問題提起をしているということは言えるだろう。

実践の世界は常に、理念の世界より豊かである。

第3章

出会いと別れ

1　授業が知性的になれば教室は静かになる

(1) 教室で落ちつかない子

教室で落ちつかない子がいる。

あちらこちらに、ちょっかいを出す子がいる(今でいう発達障害という認識がない時代のことである)。

「学習以前の問題だ。学習態度ができていない」と多くの教師は考える。

そこで、厳しくしつけをする。

おこることもあるし、怒鳴ることもある。

時として(多くの場合は)体罰を与えたりもする(らしい)。

「学習以前の問題だ。学習態度ができていない」と教師が考えるのは、教師の思い上がりである。

思い上がりで悪ければ錯覚である。

「教室で落ちつかない子」がいるのは、ほとんどの場合、教師の技量の未熟さのためである。

教師の技量の未熟さ――それははっきりしていて、「授業がつまらない」「授業が知性的でない」ということである。

子供たちが知的興奮を覚えるような授業をすることができれば、教室は落ち着きを見せるようになる。

もちろん、子供のことだから、時として脱線することがあって当たり前だし、教師のいない時には破目をはずすことも出てくるだろう。それは自然なことなのだ。

しかし、私が言っているのは、そういうことではなく、授業中の集中度である。知性的な授業をすれば、子供たちは落ちつきを見せる。——それを自覚しないで、落ちつかない子供に体罰を与えるわけだから、これは、教師の思い上がりである。

そして、大切なのは知的にすぐれている子ほど、「つまらない授業」に耐えられないということだ。

「知的にすぐれている子」と言うと、何か昔の優等生を思い浮かべる方もおられようが、私が言いたいのは、そういう子ではない。

優等生みたいな子は、どこでもうまくやっていける。教師の「わけの分からない発問」に、的確に答えることもするし、教師に上手に合わせることもできるし、まじめに努力を続けることもできる。

そんな子は、心配ない。

ところが、オッチョコチョイで、だらしがなくて、チョロチョロしていて、何回も注意をされるという子供たち、そう、すごい腕白坊主をイメージすれば当たっているのだが、そういう子の中に、知的にすぐれている子が多いということである。私の体験ではそうである。

時には、多くの教師がさじを投げてしまうような、教員室のひんしゅくを一手に買うような子供の中に、知的にすぐれている子が多かった。

多くの教師は、そういう子を「取り締まる」という形で接しているらしかった。中には、元気のいい二〇代、三〇代の教師で腕力にものをいわせるという人もいた。ネチネチと取り締まる年輩の女教師もいた。

一から一〇まで手のかかる子供たちのことに憎しみを持っているらしい教師もいた。

しかし、私は、そういう子が好きなのである。これは、もう、教師の技術以前の問題なのだが、「やっかいな子」が、私は好きなのである。そんな子の中に、知的な子が多いからだ。

多くの場合、そうした知性は、教師によって(不勉強で傲慢な教師によって)否定されてきた。

そんな子が、知的な授業の場面に接すると、コロッと変わるのである。本当に、目を輝かせて、授業に集中してくるのである。

教師と子供の付き合いは様々である。しかし、その中心は、授業である。授業でこそ、教師と子供との深い絆ができるのだ。授業でこそ、他の誰もができぬ「付き合い」が、教師はできるのである。

だから、教師は学ばなければならない。すぐれた授業を学んでいかなければならない。プロなのだから、身銭を切って学ぶなどということは、当然のことなのである。

もし、自分が病気になって、何も学ばない医師に診てもらうことを考えればよい。一〇年、二〇年と同じ方法で治療をする医師を考えればよい。そんな医師に命を預けたりはしないだろう。

ただ、医師を変えることはできる。変だと思えば、他の病院へ行けばいい。

しかし、子供は教師を変えることはできないのだ。

もしも、子供が（保護者が）、教師を変えることができるのなら、自由に転校できるのなら、私は、こんなことを強調しなくてもいい。自然に淘汰されていく。駄目な教師は、いやでも思い知らされる。

しかし、今、子供はそれはできないのだ。それなら、一人一人の教師は、もっと謙虚に子供と対応しなくてはならない。プロとして、当たり前の勉強を続けなければならない。

知性的な授業は我流では駄目である。多くの教師の知恵を学ばなければならない。「すぐれた授業の例を挙げてごらんなさい」と尋ねられたら、百程度は、具体的に（どこの誰が何の教材でどんな発問でどういう授業をしたか）語れなくてはならない。

こういう点から考えると、今までの教育書はほとんど役に立たなかった。しかし、今なら、法則化やＴＯＳＳ関係の「役に立つ」「面白い」本が次々と出ている。以前より、はるかに学びやすいといえる。

知性的な授業をするために学ぶこと――これは教え子に対する教師の誠実さである――こういう努力をしない教師を「誠実さが足りない」というのである。

（２）昼と夜の長さの授業

六年生の私のクラスで、「向山洋一の授業」として有名な、昼と夜の長さの授業をしたことがある。自分の授業を追試したのである。

以前の実践では、全く無言であったが、その時は、次のような言葉を言った。

子供が一回目に見せにきた時、無言。
二回目「誰でもこのようにまちがえるんだよ」
三回目「次はこのようになるんだよね。あと一歩だよ」
以下はその日の男子の日記である。

五月七日(木)
今日は、算数の時、変な問題でなやみました。
「これは、ちょっと、かんたんかな、むずかしいかなー。」
なんて、言っていました。それは次のとおりです。

☆問題ー
ある日の夜の時間は、昼間の時間より、一時間、短いでした。さて、ある夜と昼の時間は、それぞれなんじかんでしょうか？

という問題です。ぼくは、へっと思いました。

ぼくは、先生に見せにいく時の二回目、こう考えました。

24÷2＝12　12＋1＝13

ちょっとおかしいでした。一日が25時間（夜13、昼12）になってしまいます。おっかしいなー。

㊛「これは、こうなる、ねえー。あともう一歩だ、もうわかるって。」「こういうのは、あるもんなー。」

ぼくは、あともう一歩、と言われて、やるきがでてきました。もう、ほとんどの人ができていて、なんかぼくだけができていないような感じがしました。

ベルがなってしまったけど、委員会の時に、ふっと考えがうかびました。13と11では、2時間も差がある、だから、1時間を、二つで仲よく分ければ……と考えがうかびました。だからいそいで式を書いて教室にだしました。まるか×かたのしみです。

(3) 子供が熱中する問い

それにしても、この問題にどうして子供は熱中するのであろうか。

休み時間はおろか、放課後まで考えているのである。

「解けそうで解けない。」「もう少しで解ける。」「頭を疲れるくらい使う。」ということで、子供は熱中するわけである。

「頭を疲れるくらい使う。」ことを、子供は喜ぶ。教師は、子供の頭が疲れるくらい使わせるべきだ。

「子供が熱中する問い」を発するべきだ。そのために給料をもらっているのである。「子供が熱中する問い」を発することこそ、教師の最も大切な仕事である。これは、不勉強な教師にはできない。思い付きでもできない。学ばなくては駄目だ。

「頭が疲れるくらい考える」ことを子供が望んでいるのに、つまらない、だるい問題を出す教師がいる。つまらない、だるい解説をする教師がいる。

「当たりまえのこと」を「当たりまえの言葉」で解説した授業……死ぬほど退屈な授業を多くの教室ではしているわけである。

教育産業なるものに、学校が包囲されてしまった一つの原因は、教師の不勉強がある。「学校はつまらない」というのは、多くの子供の本音であろう。「塾に行くな」などといっても、解決になるわけではない。

一般的な教育論なら、二時間でも三時間でもしゃべれる教師はいくらでもいる。しかし、具体的に授業場面、とりわけ発問を例示して授業を語れる教師はすくない。

一般的教育論は一見して「もっとも」なことが多い。「教育における差別のこと」「教育における情熱のこと」「教育における理念のこと」そんなことは、いくらでもしゃべれる。こういうことをしゃべることによって、自分自身を免罪にしているふしがある。

たし算ができない子のために、時間をとるのも、苦労をするのも、教師なら当然のことだ。そんなのは、当たり前のことだ。

問題は、「できない子ができるようになる技量を身に付けること」「できない子が授業に熱中する技量を身に付けること」なのである。

教育技術の法則化を批判される方々の多くは、教育に対する高遠なる理念を語る。私たちは、そんなことは口にしない。問題はそこではない。

あなたの教える子供たちに、どのように授業しているのか――どのように知的興奮を与えているのか――それを具体的な授業を示して語っていただきたいと私は思う。それを示していただけるのなら、私どもは貪欲に学びたいと思う。

しかし、高尚な理念を語りながら、現実の授業がひどい方が多い。多すぎる。医学一般を語りながら、目の前のかんたんな病人を治せない医者と同じである。それは、何の役にもたたないのだ。いや、害悪なのだ。

子供を教えることの怖れを抱きながら——教師である以上、ずっと抱き続けながら——子供が熱中する授業を追求すべきなのである。

そうしてこそ、教師は、かろうじて子供の側に立つことができるのだ。

2　授業の中で子供は育つ

（1）指がかすかに動く

『教室ツーウェイ』誌が一月号から格段と洗練されて評判がいい。

グラビアに私の『大造じいさんとガン』の授業記録が載っていた。

グラビアの三ページ上段、Ｓさんが発言する写真がある。

読者の方のために付け加えれば、連合雑誌の『法則化ニュース』No.25にも載っていた。

ニュース一ページ目の上段の女の子である。

Ｓさんは、授業の終了近くになって発言したのである。

その時の事情をくわしく書けば、次のようになる。

その時、Ａ「大造じいさんは残雪のことをどう思っているか」、Ｂ「残雪は大造じいさんのことをどう思っているか」が検討課題になっていた。

問題はＢである。子供たちは、「残雪は大造じいさんのことをやさしい人だが手ごわい敵と思っている」というように発言していた。ニュアンスのちがう子もいたが、私は一つの意見として扱っていた。意見はすぐ出つくした。

「もう、ありませんね」と私は確認して、廊下側から教卓前に身体を移動させた。

その瞬間、前列左側の女の子の指がかすかに動くのが目に入った。一秒の何分の一というごく瞬間的な動きである。

私が「Sさん、言いたいことがあるのですね」というと彼女はうなずいた。

私はうながして、発言を求めた。

彼女は、次のように発言した。

「この物語は、大造じいさんの側に立って書かれている。だから、残雪の気持ちが書いているわけがない」

教室が少しどよめいた。が、理解できない子もいる。もう一度、言ってもらった。

堂々とした発表だった。論理的な意見だった。落ちついた態度だった。誰しもが、そう思った。

その日、彼女は、次のような日記を書いた。

10月29日（水）

T・S

三時間目に、いろいろな学校の先生が授業を見に来ました。

大造じいさんとガンの問題をやりました。二つの問題をみんなの意見で解きました。

そのうちの一つの問題がむずかしかったです。それは、「残雪は大造じいさんのことをどう思っているか？」というのです。

私は、こう思いました。この話は、大造じいさんが残雪を見ている話だから、残雪の気持ちは書いていない、と思いました。

でも、みんなの意見とちがいました。だから立って「私の意見はこれこれです」と言おうかと思いました。でも、発言するゆう気がありません。一年生からずっと成績表に「発言はすくないです」と書かれていたぐらいです。それに大ぜいの先生の前なんて、とてもじゃないけれど言えません。

もじもじとしていたら、先生が、「Sさん言いなさい」と言いました。

すごくきんちょうして声もふるえそうだったし、なみだが出てきそうでした。

発表が終わると、みんなの考えが変わったのかちょっとふんい気が変わったような気がしました。そこで時間が来たので終わりました。まだ、答えがわからないので何だか心配です。

後から先生が「Sさんの意見は100点満点で90点ぐらいです」と言いました。その時は、うれしかったです。ふだんぜんぜん発言をしない私にとってうれしく感じました。

「すごくきんちょうして、声もふるえ、なみだが出てきそう」だったわけである。この日記を読んで、この子がいとおしくなった。「発言をほとんどしない子」が、たった一人、「きんちょうでなみだが出てきそう」な思いをして、反対意見を言わせたものは何だったのだろう——と私は考える。

人間の最も奥深いところで、何かが彼女を動かしたのである。授業では、このようなことが可能なのだ。彼女を動かした何か——知性というようなものが授業の骨格を形づくるのである。だから、「シール」をあげることなどで子供を動かしては駄目なのだ。だから、「怒鳴る」ことで子供を動かしては駄目なのだ。

人間の最も奥深いところへと、授業の波動を伝えていかなければならないのである。

（2）「残雪の気持ち」で真っ二つ

それから「残雪の気持ち」が書いてあるかどうかに真っ二つに分れた。どちらも、証拠を示さなければならない。

文章にくいいるように見入る子供たち。一〇分、二〇分……。そして、ついに「書いてある部分」を見付け出すのである。

その日のSさんの日記。

11月5日（水）

10月29日の国語の問題をみんなで話しあって解決しました。結果は、私の意見がちがっていました。

第二の敵というのに、残雪の気持ちが書かれていました。最初書いてないと思ったのに、書いてあったのでびっくりしました。

でも、どうして始めに「大造じいさんはガンがりの話をしてくれました。私は、その折の話を土台として書きます」と書いてあったのに、残雪の気持ちが書かれているのか不思議です。

だからこの話は、視点がい動しているのだと思います。

それと、この大造じいさんの話を聞いた人は、ちゃんと書いていないのだと思います。

大造じいさんから聞いた話は、大造じいさんが思ったり、何かをしたりしたことしか書いていないはずだからです。

今日の国語の授業はとってもおもしろかったです。

（3）授業の中で成長していく

子供は、授業の中で成長していく。

Sさんの日記の中から、授業の場面をいくつかご紹介しよう。

9月16日(火)
音楽の時間に「未知とのそうぐう」という曲を聞きました。
じっと聞いていると、なんだか自分が宇宙にいって、いろいろなきれいな星に会ったり、宇宙人にあったような気がしました。
その曲を聞くと、宇宙はとってもきれいな所に感じました。

糸電話を作りました。

木の枝みたいに四つぐらいでつないでみたり、あるところを指でおさえてみたりしました。指でおさえたところは、聞こえないと思っていました。でもかすかに聞こえたので、ふしぎに思いました。

こんなふうに、いろいろな実験をやったら、だんだんおもしろくなりました。

9月17日(水)

社会の時間に、「青森の津軽平野はどうしてりんごがとれるのか?」という勉強をしました。

私は、一番最初にうかんだのは、気候の関けいのことでした。二番目にうかんだのは、川が近くにあることです。

でも、みんなでいけんを出して、それについて相談していると、なんだかちょっと予想がはずれていたような気がしました。

そしたらT君が言いました。「寒い所はいくらでもあるのに、どうして青森でさかんになったのか?」といったので考え直しました。先生に、「川だって、ほかにも寒い所にあるのに」と言われたので考え直しました。

そこで、私は、こう予想しました。津軽平野は、米が育つのにはあまり良いじょうけんではないから、米は作れなかった。でも、そのまま平野を残しておくのはもったいないと思っていた所に、外国からりんごが来て、津軽平野はりんごが良く育ついい所だったから、そこで初めて作られたと思いました。

11月6日(木)

家庭科で、なみぬいの仕方を教えてもらいました。

ぶきような私には、とってもむずかしく感じました。

先生に教えてもらった通りなかなかうまくできません。みんなよりもずっとおくれてしまったので、すごく〝いらいら〟してきました。

なみぬいは、糸をすぐにぬわないで、はりに布を通して、最後に糸を通します。私は、そういう手のこったようなことはなかなかうまくいきません。

きれいに「やろう!」と思って、きんちょうしてやったので、かたがいたくなるし、手はあせびしょびしょになってしまいました。でも、思ったよりか私にしてはうまくいった方だと思います。だからよかったです。

あと、今度のふくろ作りで、なみぬいをするので、失敗をしないようにしたいと思います。


サービスに私の失敗を一つ。

11月15日(土)

先生が二日続けて失敗がありました。

それはすごくひさんなことです。

昨日は、学校の画用紙を切る特大のはさみで、せびろを切ってしまったのです。切ってしまった時、先生は、ドアを開けるなり変な顔(おかしな顔)をしていました。先生が、「せびろ、紙といっしょに切っちゃった」と言ったら、みんなが「どっ」とわらいました。そして先生は、Mさんにさいほう用具をかりてぬっていました。

それから今日は、またもや洋服の一部がやぶけてしまいました。二〇分休みが終わった時、先生のズボンが変わっていたので、どうしたのかと思ったら、今度はズボンがやぶけてしまったそうです。そのことを言ったら、みんなは、昨日よりかばくしょうしてしまいました。

何と言っても、ズボンがさけてしまうなんて、私みたいな子供だってはずかしいのに、先生なんか、はずかしすぎて物も言えないくらいだったと思います。

先生がずいぶんひさんな目にあっていてかわいそうです。

3　子供を知的存在として認める

(1)　怒鳴らなくても子供は動く

子供を「知的存在」として認める。ここに、子供との付き合い方の極意があると思う。どうしたら「知的存在」として認め、付き合うことになるのだろうか。基準はかんたんである。

> 「子供にしていることを自分が尊敬する人の前でもできるかどうか」で判断すればいい。

子供を怒鳴り付ける教師がいる。怒鳴ることが教師の仕事だと錯覚している人がいる。私は、はっきり言って、怒鳴り散らす教師は嫌いだ。中には、校内放送を使って、校庭の子供を怒鳴っている教師がいる。むろん、「下校時刻が過ぎている」「何か不都合なことをしている」ためだろう。それにしてもである。放送で怒鳴るなど私には信じられない。放送の怒鳴り声を聞くと、肌が粟立つ。生理的に受け付けないのだ。

えらそうに言うが、私にも怒鳴り散らした過去はある。若気の「至り」というか、未熟の「いったりきたり」というか、無知の「つきあたり」というか、とにかく怒鳴り散らした過去がある。立派にある。

それまでは、大きな声を上げることが、子供との親近感を増すものだと信じていたし、小さな声で話す教師は「気合いが入っていない」などと思っていたものだった。

怒鳴らなくなったのは、「腕力・暴力」をふるう障害児を担任してからである。この時の実践は『斎藤喜博を追って』（昌平社出版）の中に「ぼく死にたいんだ」という章として入っている。

怒鳴らなくなったとたん、怒鳴る人の欠点が見えるようになった（人間なんて、自分の都合でしかことを見ないものだ）。

怒鳴る人の欠点はいろいろあるが、その中で一つだけポイントを示せと言えば、「子供はよく見ている」ということであろうか。怒鳴る人は、子供を「知的存在」として見ていないわけだし、子供をあなどっているわけだから、スキができる。

たとえば、子供の宿題をよく見ないで印だけを押すというようなことをする（たまにはあることだろうが……）。しかし、そんな教師の手ぬきを、ちゃんと子供は知っている。教室で策をめぐらした教師のこんたんなど、大方は見すかされているのである。小学一年生だって、立派に見ているのである。

怒鳴って、たたいて、その果てに子供に反抗される……こういう教師はけっこういるものだ。

ついでに言えば、子供が荒れる教室の教師は「本を読まない」「子供を知的存在と認めない」「教師が一方的に押し付ける」などの共通点を持っているものだ。もっとも、若ければ、誰しも多少教室は荒れるものだが、それなりの年になってなお教室が荒れるのは、右のような理由があるからである。

怒鳴らなくても子供は動く。言うことを聞く。きっぱりと短く、言って聞かせればいいのである。

もし、教育の場で怒鳴る必要があるとすれば、それは二つだけだ。

生命の安全にかかわること、人間として生きていく尊厳にかかわることであろう。

さらにもう一つ加えるとすれば、バス遠足などで、全体として行動しなければならない時の、著しい迷惑行為であろうか(たとえば、集合に三分も遅れるとか……)。

じである。

（2）「授業の延長」と「お説教」

ところで私は、子供の名前を呼びすてにするのも嫌いである。理由は前述したことと同じである。

これが、めったやたらに呼びすてにする教師がいる。女性の教師にもいる。連合運動会などで、そんな場面に出合うともう耐えられない。そこから私は逃げ出したくなる。しかし、それにしても、なんであんな優しい顔で「オイ、〇〇、列が曲がっている」などと怒鳴れるのであろうか。

ここまで書いたついでに、女教師のいやなところを二つ挙げておこう（もちろん男教師にだって粗暴などという欠点も立派にあるのだが、ここでは女教師に比較的多い傾向、かなりしばしば見られる傾向ということに受け取っていただきたい）。

第一は、休み時間にくい込む授業である。休み時間は、子供たちの「休息権」をちゃんと保障しなければいけないのである。チャイムが鳴ってからの授業など、よほどのことでもない限り避けるべきだろう。

私は、授業が休み時間にくい込むことなどほとんどない。授業が終了しても、授業の続きで子供が論争していることはしばしばある。が、授業としては、ちゃんとチャイムで終了している。休み時間にくい込む授業など、決してほめられたことではない。多くは授業の未熟さの証明だろう。

第二は、自分自身を（つまり教師自身を）絶対的に正当化したところの、延々と続くお説教である。

あれには参る。どうして、あれほど自分自身を正当化できるのかと思う。すごい人は、授業中のうるさいへたの親を呼び出して延々とお説教をする。授業中に子供がさわぐのは、その授業がへただからであって、一〇〇パーセント教師の責任なのだ。それを親を次々に呼び出して、延々とお説教をするのである。こういうクラスでは、やがて、親子で反抗するようになる。もっとも、以上のことは女教師のすべてを言っているわけではない。その中のごく一部だろう。

それにしても私には目についたことである。「授業の延長」にしても「お説教」にしても、本人は「自分はよいことをしているのだ」と思い込んでいるから始末がわるい。

本書の読者の圧倒的多数は二〇代、三〇代教師だろう。ぜひ、こんなことのないようにしていただきたい。

「私は嫌いである」と書いた部分は、実は「子供はそのことを嫌っている」という意味である。

（3）教育の場での「センセイ政治」

教師とは先生である。

先生が子供を支配すると専制（センセイ）政治になる。教師は、立法・司法・行政の三権を持っているからである。絶対的権力を手中にした独裁者なのだ。だから、よほど注意しないといけない。

「教育」という知的な営みが、専制政治によって妨げられるからである。江戸時代だって、教育における「センセイ支配」は、戒められていたのである。

私は『続・授業の腕をあげる法則』で「授業の原則（技能編）八カ条」を示してきた。

その第一条に次のような文がある。

> 総じて人を取り育て申す心持ちは菊好きの菊を作り候様には致すまじき儀にて、百姓の菜大根を作り候様に致すべき事に御座候。
>
> 細井平洲「つらつらふみ」『嚶鳴館遺草《おうめいかんいそう》』

さて、なぜ人を育てるのに「菊好きの菊作り」ではいけなくて、「百姓の菜大根作り」

でなくてはいけないのか？

「菊好きの菊作り」は、見事な花を咲かせるために、自分の好みであれこれと手を加えるが、子供を育てる時には、そのつぼみを摘んだり、伸びる勢いを抑えてはならない。「百姓の菜大根作り」は、大小不揃いであっても、それぞれを大切にするため、子供を育てるにはこのようにすべきであるというわけである。

つまり教育の場で「センセイ政治」を戒めることは、昔から言われてきたのである。

この菜大根作りの一例として、私の「授業」の導入部分を紹介しよう。一九八六年二月十日の調布大塚小学校の公開発表の時のものである。


はい、こちらを向きなさい。

クイズに使った紙、下に置きなさい。

向山先生の方へ、おへそを向けなさい。

手に持っているものを置きなさい。

この四つの指示で、授業に入る体勢を整える。

一人の子を指名する。

その子に問題提起をさせる。

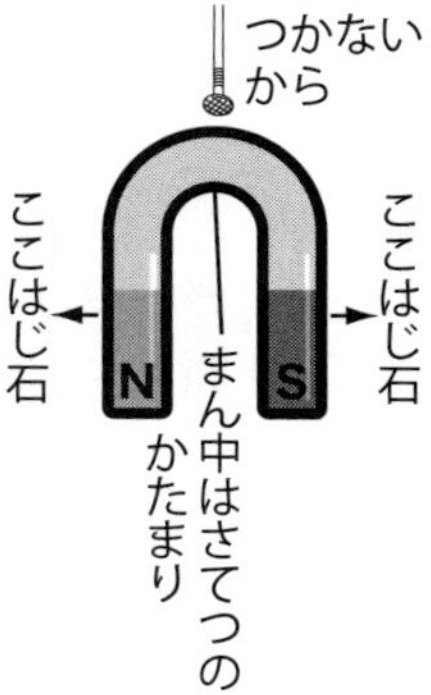

じ石のまん中は鉄がつかないから、砂鉄のかたまり、NとSの所は、じ石になっている。

この後、次のように言う。

賛成の人、手を挙げてごらん。
賛成、反対、その他の意見を調べてもらいます。

それでは始めなさい。いつもの通りです。

教師が問題提起するのではなく、子供が問題提起をする。

私は、子供の問題提起を、賛成、反対、その他で調べるように指示しただけである。つまり、子供たちに自分の立場(賛成、反対、その他)を明確にし、自分で、自分の立場を実証するように指示したのである。

子供たちの活動を助けるというのは、このような指示を言う。

子供たちは、四分間調べ、九分間討論を行った。

4　子供たちの「向山洋一論」から

（1）「向山洋一論」その一

卒業の時、子どもに向山洋一論を書かせる。

もちろん、卒業直前だから、感傷的だ。割り引いて考えなければならない。それにしても、子供とのつきあい方の姿がそこに見えてくる。学級通信から、いくつかを紹介してみる。

向山洋一論

N・H

（先生なんてかんじではない先生だなあ。）これが先生のクラス第一日目のかんたんな感想だ。

先生のしゃべり方も、友達のようなかんじがした。先生のもっている何かが私をそういう考えにもっていったのだろう。そんな先生は、特ちょうがある。

その1……授業の入り方が面白い。（私にとって。いやな時もあったが、とにかくかわっている。）

その2……研究授業が非常に多い。

その3……よく脱線する。

その4……日本的にも有名。（らしい。）

これらだ。その1はいつもそうである。知らぬ間に授業に入っているのだ。先生が何かおっしゃると、私達は考えているのだ。先生のおっしゃった問題やことについて。

その2は特別にいえるであろう。向山先生の授業のすすめ方と、私達の授業を見にいらっしゃるのであろうか。

なぜそんなにたくさんの研究授業があるのだろう。私はそのたびきん張する。まわりには10人や20人ではない。60人や70人くらいの先生方や学生さん方(?)が向山氏の力をそして私達の意見を見て聞いている。何がそうまでさせるのか。向山先生は何を持っているのだろう。私には全くわからない。

その3は普通の先生なら考えられないようなことだが、屋上で遊んだり夕べのことかを話してくださるのだ。「おれには知性と教養があるからナァ〜。」と頭をたたきながら時計を見てため息をつく先生の顔は見ていて実にゆ快だ。

その4は本を出しているせいでもあると思う。

私は向山先生のしかり方はとてもききめがあると思う。好きではないがききめはすごくある。

向山先生のいやなところは（はっきり言って）歌を歌わせることだ。授業のことに関しては、やりたくないこともたくさんあるが、全部役立つことと信じているので、いやなことは一つもない。（はずなのだけれど??）歌を歌うことが大きらいな私にとってこれは最悪だ。でも勉強を（それだけではないが）教えてもらっているのだから、ちょっぴり恩返しという意味で歌ってきたつもりだ。

先生は、ひいきがきらいだ。私はこの二年間、先生が一度でもひいきしたと思ったことがない。優等生とされている人をいじめ（?）苦手な人でもきちんと平等にさして、わからないとゆっくりと説明してくださる。そんなやさしく、きびしく正確で面白い先生、これからもがんばってほしい。


（「ランダム」一九八二年）


N・Hさんは、「授業の入り方が面白い」ということを第一の特徴に挙げている。

やはり、授業は大切だ。

どう変わっているのかというと、「起立、礼」などと形式的なことをしないのである。

知らぬ間に授業に入っているのだ。先生が何かおっしゃると、私達は考えているのだ。

子供たちを引き付ける問題、授業の核心からズバリ斬り込んでいく授業が、子供には印象的なのである。

でも「よく脱線をする」ということからすると、この線も魅力的らしい。

屋上などで遊んだり、青い空の時は寝ころんだりしたこともあるが、多くは、私の「おはなし」だった。子供たちは、知的な話を好んだ。

「ひいきしたと思ったことは一度もない」ということだが、もちろん、これは人によってちがう。ひいきしたと思った子もいるはずである。

(2)「向山洋一論」その二

一九七九年の「スナイパー」では、Y・Tさんが次のように書いている。

向山洋一論

Y・T

向山洋一とは、調布大塚小学校六年一組向山学級の担任である。

私が向山洋一と出会ったのは、今から二年前の四月だった。その時の向山洋一は、私に悪い印象をあたえたものだった。しかし、よく見てみると、向山洋一は、普通の教師とは、どこかがちがうのである。

第一に、向山洋一は、差別・ひいきがきらいであって、許せないのだ。自分でも宣言している。自分ではしていないつもりだ、と言っている。しかし、悲しいことに、私は五年の時一回だけ、している、と感じたことがあるのだ。それは、日記の返事の長さ、人のおこり方、ほめ方などによって感じてしまうのだ。みんな、あたり前のことだと思っているのだが、その当時の私には感じてしまったのだ。向山洋一よ。五代目(私たちの次の卒業生)の時は気を付けてほしい。差別・ひいきがきらいなところは、私も賛成だ。これからも、この考えをつらぬいてほしい。

第二に、向山洋一はこまかいところでも気にするのだ。初めは、神けい質だなあと思っていた。しかし今はちがうのだ。神けい質ぽく感じても、神けい質ではないのだ。きっと、きちょうめんなのだろう。

第三に、向山洋一は執念深いのだ。私は、このことが一番、向山洋一を普通の教師と感じさせていないのだ、と思っている。それほど、強く感じさせるなにかが、この執念にはこもっているような気がする。執念深いのは、ときにはやなことだが、ときには、いいことだ。

第四に、向山洋一は生徒に対するおこり方がちがうのだ。普通の教師でもいろいろなおこり方があるが、生徒の意見をきいてくれる。私は、こういうところが好きだ。ただただ一方的にしかると、子供という者は、その人が肉親でない限り、なんとなくきらいになってしまうものなのだ。その人の存在がこわくなってしまうものなのだ。そんな時、自分にも、言わせてもらえると、そうでもなくなるのだ。

第五は、向山洋一が、常にたいくつしない者であることだ。時間があると、すぐ何かを始める。百人一首をやっているが、あれは、授業をたいくつさせないものの一つだ。生徒をたいくつさせないというのは、私にとって、とても嬉しいものである。

向山洋一は、これらの五つのことを、いっぺんに持っている、すばらしい男であり、教師なのである。

（「スナイパー」一九七九年）

この子は、「向山洋一が差別・ひいきをしたと感じたことが一回だけある」と書いている。日記の返事の長さ、おこり方、ほめ方などによって感じたらしい。

当然ながら、その時その時で子供への対応はちがってくる。多感な少女たちの全員に「公平である」と思われることは至難の業なのだと思う。

「向山先生の叱り方なら納得する」ということを教え子からよく言われる。

ポイントは二つある。

一つは、叱る理由を言うことだ。なぜそれがいけないのか、特に、その子にとっていけないことなのかを短くいう。

普通は「その子のこと」以外の理由を言うらしい。あるいは、くどくどと言うらしい。

もう一つは、必ず、一回は待ってやるということである。どんなことでも(生命の危機にかかわること以外)、初めてのことに対して叱ることはなかった(と思う)。次は叱るときつく予告したのである。

(3)「向山洋一論」その三

次は、「ランダム」にのったY・Sさんの文である。

向山洋一論

Y・S

1……向山先生は、とてもきびしい先生だ。

まず、学芸会の劇、卒業式の〃呼びかけ〃〃門出の言葉〃の練習は大変なものだ。声が小さいとか、感情がこもっていないとか。何回でも言わされる。もう○回言ったからいいということはない。うまく言えるまで何回も言わなくてはならない。

もう一つ、きちんとまじめにやる時と、ふざけていい時とをはっきりくべつさせる。中途半端にやってはいけないという感じだ。

2……向山先生は、とても楽しい先生だ。

一つ、授業中、急に歌を歌うことがある。普通の授業中にみんなで歌を歌うなんてめずらしい。

二つめ、授業中に遊ぶことがある。

3……向山先生は、私達の気持ちをわかっている先生だ。

一つは、授業をつぶして楽しませてくれること。

二つめは、休み時間になっても授業をのばしてやるということがほとんどない。

4……向山先生は、私達に自信をもたせてくれる先生だ。授業で発表する時、答えを言う時「まちがうことは、はずかしいことではない。」「正しいことだけが、いいのではない。」とおっしゃる。まちがうことも大切だということを、教えてくださった。

5……向山先生は、自分のきげんを自分でおっしゃる先生だ。「今日はきげんが悪いからおこりたくなる。」とかおっしゃって、おこる。その反対に「きょうはきげんがいいから、ゆるしてあげよう」ということだってある。私達は先生の気分によって、動かされているようだ。

6……向山先生は、教科書からずれた授業をやる先生だ。例えば難問をやる。初めて見た問題だから、どこからどうやってといていけばいいのか、いろいろと考えてみなければならない。だけど、教科書の問題をやるよりずっと楽しい。

7……向山先生が担任だった私は、他の先生が担任だった人より、すべて倍のことを経験したような気がする。

（「ランダム」一九八二年）

これを読みながら恥ずかしくなった。「歌を歌う」というところである。

私は音痴なのだ。並の音痴ではない。極め付けの音痴なのだ。それが歌を歌い、子供たちにも教える。――どうも、やはり恥ずかしい。子供とは、ありがたいもので、そんな歌でも喜んで聞いてくれる。どんな歌を歌ったのだろう。多分――「竹馬の友」「惜別の歌」「山の子」「五木の子守唄」「初恋」などではなかったかと思う。

休み時間までの授業の延長はほとんど(九九パーセント)はしていないが、子供に印象的なようだ。

子供が失意にある時、教師は子供の味方にならなければならない。徹底して、味方にならなければならない。

「向山先生は、私達に自信をもたせてくれる先生だ」ということは、そのように心がけてきた教師の心を子供が受けとめていたことを物語る。

以上、子供との別れの時の向山洋一論である。

ただ、別れの時の言葉だから割り引かねばならない。別れの時には、嫌いな担任に対してだって涙するものなのだ。別れに泣く子供たちを見て、自分はよい教師だったのだと思い上がってはいけない――と私はいつも自分に言い聞かせてきた。

5　卒業

（1）一人一人が責任を与えられた

卒業する六年生を教室に招くことになった。十名ばかりが訪れる。全校での「送る会」の後、各教室に分かれ、ちょっとしたゲームをして給食を一緒にするのだ。

子供たちは、「何のゲーム」をするのかは決めたが、他は何も決めていない。このところ私は、全く、子供にまかせてあるから、そのまま当日になった。

学校に行くと、まわりの教室の様子がおかしい。どこの教室も盛大に飾りたてている。「歓迎」の飾りなどが作られている。

教室に入ると、子供たちが「先生、このクラスだけ何もしていないんだよ」と言ってくる。私は「それでいいじゃないか。何もしないというのがみんなの方針なのだろう」と言った。

「ちゃんと決めなかったのがいけないんだ」と何人かの子が言う。「こんな時、誰が決めるものなの？」と私が聞くと、「代表委員だ」と言う。その代表委員が「ちゃんと決めないからいけないんだ」と文句を言っていたのだ。

若い時の私なら、「大四小の児活」時代の私なら、ここで三〇分ぐらい討論をさせたかもしれない。子供の「企画」を成長させるためにだ。今は、それほど「ムキ」になることもない。

「大四小の児活」も「やわらかい集団づくり」になっている。

「何もしなくてもいいですよ」と私が再び言うと、「六年生に対して失礼だ」「せめて少しのことでもしたい」という声が返ってきた。日頃、何もしていない担任として、少し手伝う気になった。私がその時、言ったのは次のことである。

「これから、三〇分、六年生を迎える準備をします。話し合いをしている時間がありません。次のことをしてください。

① 各班におよびする六年生の名前を書いた名札、お祝いの言葉など。

② 廊下、教室に飾るお祝いの言葉を書いたかざり」

そして、私は、机の上に色画用紙のB４判、B５判とマジックを用意した。

そして、次のように指示した。

「自分がやりたいことをやって、自分の思った所に貼りなさい。どこでもいいです。友達と相談している時間はありません。自分が思った通りにやるのです」

子供たちは動き始めた。

私は事務室に入って「マジック」と「色画用紙」を用意した。不足していたのである。「色画用紙」を三角、たてに長い長方形などに切って教室に持っていった。形のかわったものに子供はとびついた。

以上、私がやったことのポイントを示すと次のようになる。

一、かざりを作る用品を十分用意した。色画用紙だけであったが、さまざまな形にした。
二、作るもののポイントを示した。「お祝いの言葉を書いたかざり」に限定した。
三、友人と相談している時間はないことを強調した。
四、自分で思う通りやっていいことを強調した。

それだけ言って、私はひっこんだ。

子供の動きは、とても楽しそうだった。

「友人と相談する時間はない」と強調しても、もちろん、あちこちで相談している。しかし、長く話すということはない。手短に話をすませている。さぼる子は、もちろん一人もいない。

いろいろと工夫のあるかざりが作られる。教室は一変した。

「自分の思った通りにやって、自分の思った所にかざってごらんなさい」ということが、こんなにも子供を動かすのである。

一人一人が責任を与えられた。それぞれに工夫をしている。みんな勝手にやっていながら、全体としての調和がとれている。

(2) 初めて卒業させた子供たち

以前、私が初めて卒業させた子どもたちと会った。同窓会の準備会である。およそ十名ばかりの小さな会だった。

向山学級の一代目も、そのころにはもう二七歳になっていた。子供を持った子も多い。半分くらいの教え子とは、一〇年ぶりくらいの対面であった。

その席で、一人の女の子に聞いてみた。

「向山学級の時、どう思っていた。今なら、先生に対する批判も言えるだろう。先生の勉強のためだから、正直に教えてほしい」

クラスの中で中心になっていた女の子は、「私も普通の一人の子でいたかった」と話してくれた。そして、翌々日、その子からの便りが届いた。


こんにちは。

一九日は、ご苦労様でした。

洋さん（こう呼ばせてください）に会えてよかった。

思いきって出かけて行ってよかった。

今、心からそう思っています。

本当は、少し迷っていたのです。

私は、小学校のころ、〝日本一の先生になる〟なんて大きなこと言って、いつごろから変わっていったのか、ふと気付いたら、二人の子供がいて、大きな声で怒鳴っている毎日で……。

でも、決して今の状態に不満があるわけでもないし、中学、高校、仕事、みんな私なりに一生懸命、楽しかったなあと思っています。

でも、きのう、洋さんと本当に久しぶりで会って、

「ああ、私も教師になっていたら、洋さんからもっとたくさんのこと学べたのに」

と、なんか、悲しくなるような気持ちで、そう思ったのです。

それくらい、洋さん大きくなっちゃって、今も洋さんの顔が消えてくれなくて、興奮しています。

きのう、帰りの電車の中で、『教室ツーウェイ』読ませていただきました。いつのまにか本にすい込まれて、東京駅でおりるはずなのに、気づくと神田でした（私は乗り越しは生まれて初めてです）。洋さんは、普通の先生とは違うということはわかっていましたが、ここまでやるとは、ただただびっくりです。

そして、私が今まで洋さんのことを何も知らなくて、恥ずかしさと情けなさでふるえるくらいでした。

洋さんは私にとって、決して忘れることのできない〝先生〟というより、今は、ひとりの人間になっています。

この二、三年の間に、事実、洋さんの夢を何度も見ました。その度に、洋さんに手紙を書いてみようかなァと、大森四小に電話して洋さんの学校を聞いたり、写真入れて用意したり、でもなぜかポストまでは行けずに……。

これは、言い訳ですね。

実行しなければ何もなりませんね。

でもさっきも言った通り、きのうはお会いできて本当に良かった。私の中にあった洋さんへのわだかまりみたいなものが、すべてふっとんだように思います。

これはあくまで私自身の問題で、洋さんには関係のないことですね。

でも、洋さんが皆の前で、「E子は小学校時代の教師をどう受けとめていたか」と聞いてくれて、私は初めて皆の前で、あのころの私の気持ちを言えて、少し涙も出そうだったけれど、すっとしたのです。

洋さんのお役にたつ、まして勉強になるなんて思ってないけれど、あの時言ったことは本当です。私もTやNのように、先生を心から〝洋さん〟と呼べる友達のようになれたら……といつも思っていました。

私は、たえず、洋さんには気にいられる文章を……とか、行動を……とか、子供なりに必死だったように思います。それは決して、洋さんがけむたいとかそういうことではなく、好きだから、いつも洋さんにほめてもらいたいからそうしていたのです。

なんだか、思っていることがうまく書けません。

昔は、文章を書くの好きだったのに！　勉強不足ですね。

もう洋さんは、正直言って、雲の上の人のような存在です。

月刊誌ひとつ見ても、そんな感じです。

そして、私はそんな大きな先生に教えてもらったんだって、今はうれしく思っています。


きのう、久しぶりにお会いして、洋さんの目、やさしくなったなあと思いました。鋭さはそのままですが、にらまれてふるえ上がった、あのこわーい目が、今は愛情いっぱいの目に見えました。

子供にとって、洋さんの目につかまったら、百のおしかりよりもこわーいということをお忘れなく……。

それから〝エイズ〟の話、全く同感です。

あれは、決して対岸の火事ではないと思います。まして、何千人もの子供をあずかっていたら、これからの第一の課題のはずですよね。

子供たちにどう教えていったらいいか、本当に身近な問題ですね。

このことを、私の主人が少し(かなりかな)お酒に酔って、皆の前で大変なことだと話していたら、友人らに、「そうむきになるナ」と言われて、ニヤニヤと笑われたそうです。

でも、これはむきになって良かったのだと、きのう洋さんの話を聞きながら思いました（私ごとでごめんなさい）。


きのうはもっと洋さんともっと話がしたかったナ……。

洋さん、寝る時間あるのかしら……と思うほどお忙しそうですけれど、くれぐれもお体大切にしてくださいね。

その辺は、奥様が気をつけていらっしゃるかな。

お忙しいのに、お時間とらせてすみませんでした。

今、洋さんに教わっている子供たちは幸せですね。

もちろん、私もその幸せ者の一人ですね。

もう十数年たつのに、今も洋さんの教えが、ズシーンと伝わってくるというか、今も影響してくるのですから、これは洋さん！　本当の本当の教育ですね。

来年の二月一九日、楽しみにしています。

洋さんの講演、いつか必ず聞きに行きます。

E子

6 教え子との別れ

(1) 卒業を迎える子の作文

これは六年を担任し、小学校生活をふり返えらせた文章である。

六年間の算数

S・Y

六年生になって一番嫌いだった算数が少し好きになりました。

一年生のときのたし算やひき算はできましたが、二年生のときの九九がなかなかできず家で苦労して練習しやっと覚えました。

一番大変だったのは、東京へ引っ越してきた四年生のとき、前の学校と算数のやり方がちがうので理解できるまでに時間がかかりました。やっとなんとかわかるようになったのは、四年生の二学期ごろです。でも一番苦手だった図形などはまだもうちょっとというところでした。五年生になって少し好きになったけどまた嫌いになってしまいました。

なぜ算数が好きになったかと言うと、難しい問題を苦労して考えて問題が解けたとき、すごくうれしくなるからです。前まで嫌いだったのは、難しくて時間がかかったりしていたからだと思います。

中学生になったら、算数が数学に変わって難しくなりそうな気がします。私の苦手な問題もたくさん出てくると思います。でもがんばります。


この子は大阪の京都に近い市で小学校時代を送った。水道方式でおそわってきた。

転校後、方法がちがうので苦労したのだろう。五年になって担任した私は、「それは大阪で良い先生に習ったですね。きっと熱心な先生だったのですよ」と話した。

なぜこの子が算数を好きになったのか、それは「分かりやすく教える」というより「難問に挑戦させる」という授業においてだった。

授業は、子供に何かを残していく。

例えば、「邪馬台国」の授業である。

社会の歴史を好きになったこと

Y・U

六年生になってから歴史のことを勉強するようになりました。

私が一番歴史のことで好きだったのは、「邪馬台国」のことでした。「邪馬台国」のことを学習するまで、社会科はあまり好きではなかったのに、「邪馬台国」のことを勉強したら、とても歴史が好きになりました。友達と二人で遠くの図書館へ「邪馬台国」のことを調べにも行きました。

「邪馬台国」というのは、どこかにあった国なのです。でも、どこにあるかわからない、なぞの国です。そのことを先生が調べてみようということでみんなで調べたのです。

私は「邪馬台国」のことを調べて、いろいろなことを知りました。「邪馬台国」には女王様がいてその名前は、卑弥呼ということ、卑弥呼には、弟がいたこと、まだまだあるけど、もう忘れてしまいました。

もっともっといろいろなことを勉強したり、いろいろなことを調べてもみたいと思います。


教師は、教え子を送り出す時、心を制御して、明るく別れなければならない。教え子の心をひきずらせてはだめなのだ。

こみあげる淋しさをこらえて、笑顔で出立させなければならない。
「サヨナラみんな！
先生も、かわいらしい子供たちと、またすばらしいクラスを創るよ」
と。

(2) 大人になった教え子の便り

大人になった教え子から、それらしい便りがよく届けられた。

先生お元気ですか？　先生の活躍ぶりは明治図書の雑誌で毎月のように目にしています。先生の本も何冊か読ませていただき、自分の授業の力量のなさを痛感しております。中学校も変わり、現在、〇〇中学校に勤務していますが、私がすごいと思った授業に出会ったことがなく、校内研修でも「向山先生に来ていただきたい」と提案しても、法則化運動のことを知っている教師は一人もいませんでした。中学は授業に熱心ではないのかな。

もっともっと先生の本を読んで学んでゆきたいです。

K・Y

私の教え子が、中学校の教師になっている。

私の本も読んでくれており、職員会議でも提案してくれているらしい。

嬉しい！　この子は、私の新卒の時の教え子だった。自分がうけた教育を通して、理解してくれているのだろう。

また、途中で転校していった子からも便りをもらった。

四年生の時の学級通信「アチャラ」を読みかえしてくれている。それも「楽しみに大事に」読んでくれているらしいのだ。このような読まれ方が、何よりも嬉しい。

まぎれもなく、「アチャラ」は、私のためと教え子と父母に向けて発行してきたものだから。


先生おかわりありませんか。

僕は昔から、体だけは丈夫で、中学校も今のところ、三年間無欠席でがんばっています。

ところで最近、部屋の整理をしていると、四年二組の学級通信「アチャラ」が見つかりました。

アチャラが見つかったその日の晩から、毎晩アチャラを読んでいます。一日にほんの少ししか読みません。一度に読んでしまうと楽しみがなくなってしまうので。

東京には何回か帰りましたが「アチャラ」を読んだ方が、もっとたくさんの思い出が心に浮かびます。今年もお仕事でお忙しいかもしれませんが、いつまでもお元気でいてください。

神戸市　C・T

今や成人した教え子からも、次々に便りは届く。

暮れには、お店を出すという便りがあった。開店の前日、ある企画会議の帰りに(夜中であったが)、サークルのメンバーをさそって、車をまたせてその店に寄った。

オーストラリアからもどってきたかつてのやんちゃ坊主は、たくましくなっていた。ウイスキーを一本ボトルキープして、教え子が寄ったらごちそうするように頼んだ。

「まぐれで全日空のスチュワーデスになっちゃった」と電話してくれた教え子も元気そうだ。

いつか、この子のフライトする飛行機に乗れないかと楽しみである。

先生ご無沙汰しております。
後輩スチュワーデスに千葉大卒の人がいるとつい向山先生のお名前を出してしまいます。私は楽しくフライトしておりますが、近い将来のことも真剣に考えるようになったこのごろです。

N・Y

(3) 悩む教え子に送った私の手紙

高校三年になる教え子から、便りをもらった。
小学校時代の友人に、カセットを貸したのがもどってこないという内容である。

向山先生へ
拝啓　ごぶさたしております。めっきり寒くなった今日このごろですが、いかがお過ごしでしょう。何だか私らしくない感じ、力をぬいてお手紙つづけます。失礼があれば、申し訳ございません。「ぜんぜん成長してない」と思うかもしれませんが、どうぞ私の話を聞いてください。実は、突然先生に手紙を書いたのは、相談兼お願いがあるからなのです。

Y君をおぼえていらっしゃいますね？　高校一年の一月、私はY君と、『カセットテープにLPをダビングしてもらう』という約束をしました。私はY君がOKしてくれたので、テープをわたしました。それが、今になってもかえってこないのです。そろそろ二年が過ぎようとしているわけです。はっきり言って、私、悩んでいるし、怒っています。これまで、何度か、ハガキや電話で、返却を要求したのですが、電話をかけても本人がいないので、伝言を頼んだのですが反応はなし。一度だけ本人と話すことができたことがありましたが、そのとき彼は「家を引っ越して、前の家においてあったテープを、処分されてしまった」と言いました。私はあせって「えーっ!?」と言ったら、「待て、最後まで聞け。ちゃんと返すから」と彼は言いました。だから私は彼を信頼して、待つことにしました。しかし、それから何事もありませんでした。相手が男の子だから、あんまり何度も電話するのは気がひけて……何カ月も（もしかしたら一年くらいたっているかも）電話をしなかったのですが、気をとりなおして、一〇月二三日金曜日の夜八時〜九時までの間に、私は一回電話をかけました。そのときも、やっぱりY君は家にいなくて、父親が出たので伝言を頼みました。一一月になって二週間がたつ今もまるで音さたなし。待つことには慣らされている私でも、限度があります。そこで、考えに考えた結果、非常に勝手ながら、先生にぜひ、一喝、お願いしたいというわけなのです。もう一八歳だし、私から頼んでとりつけた約束なので、自分で解決しなくては、と思ったのですが、このままではどうにもならないように感じて……こういう問題は、おまわりさんは相手にしてくれるのかしら、いや、決定的な証拠がなければだめだわ、などと、かなり深刻に悩んだのです。それで、思いあたる人が先生しかいなくって。私、Y君と実際に会って、腹を割って話しあえる場をもちたいと思っています。できれば先生の立ちあいのもとで、というより、先生にも話に加わっていただいて。どうか、先生のお力でそういう場をつくっていただけないでしょうか。約束は守るものだということを先生のほうから言ってやってほしいんです。私としては、このまま見すごすわけにはいきません。私のおこづかいで買ったテープでも、もとは親がくれたお金だし、量が半端じゃないし、中には母が買ってくれた大事なテープもあるんです。半金銭的な問題だと思うし、このままだと、私はテープ代約三千円相当、Y君に貢いだということになってしまいます。そんなの絶対に許せません。さっきも書いたけど、相手は男の子だし、向こうの家の人は私のこと知らないから余計に電話かけづらいし、本人が出なければ話もできないので、言いたいことも言えません。呼び出しておどしかけるというわけにもいかないでしょう。いいかげん、このへんで何とか話をつけたいのです。もう、頼れる人は先生しかいないんです。私と先生となら、通勤(学)場所がお互いの家に近いから、わりとかんたんに会えるのではないかと思います。でも、先生も、前とかわらず、お忙しいようですし、小学校に直接出むいてみる勇気はなかったので、手紙ということにしました。どうかお願いします。

本当に勝手なお願いで申し訳ございません。

でも、私なりに、考えに考えぬいたうえでのことなのです。良い結果が出ることを期待しています。

Y君の電話番号は△△△―○○○○です。

それでは失礼します。

気の強さにみがきのかかった(?)K・Aより

S62・11・12(木)

私の返事

手紙を書いている時間がなくなってしまった私だが、これを見すてておけない。返事に困ったのだが、私は次のような手紙を書いて送った。

Kさん、お便りありがとう。

半年に一回くらい、駅のホームなどで姿をみかけることがあります。ずいぶん立派になって、まぶしいくらいです。充実した日々を過ごしていることと思います。

さて、テープを貸したことについて、私から一喝してくれとのことです。Kさんは、さぞ困っているのでしょう。それに腹も立てているのでしょう。

よく分かります。

でも、向山先生は「一喝する」ことができません。

それは、大きく言って、二つの理由からです。

第一は、今の君たちに「一喝する」立場にないということです。

向山先生は、君たちの小学校時代の先生です。君たちは、先生の手を離れ、卒業していったわけです。その時、「教える」という先生の仕事は終えました。

ずい分、冷たい言い方に聞こえるかもしれませんが、そうではないのです。先生が君たちに「教える」仕事をしたのは、小学校の卒業までなのです。そして、君たちは新しい学校で、新しい先生方に教わることになったのです。

このようにして、一つずつのステップをふんで人は成長していくのです。

もしも、Kさんが「先生困っています。三千円のテープが必要なのです」ということなら、先生は喜んで貸してあげます。ずっと、ずっと一生、返してくれなくてもかまいません。また、現在のことについて、いろいろ話にのったりすることなら喜んで時間をとります。

君たちは、みんな、大切な教え子です。

しかし「一喝する」というような「教えること」は終えたのです。

Kさんには理解しにくいことかもしれませんが、先生は「小学校の教師」ということに、全力を挙げてきました。卒業の時まで、先生なりに、せいいっぱいでした。

卒業式の日、とっても悲しかったのですが、充実感もありました。自分は教師として、せいいっぱいやったのだという思いがあったのです。そして、卒業式で「君たちの先生」が終わったのです。今は「君たちの先生だった人」です。

先生は、教師という仕事にせいいっぱいですから、このようなことにこだわるのです。

「一喝できない」もう一つの理由は、二人の意見を聞いていないからです。

先生は、君たちが小学校の時も、どんな時でも必ず、両方の意見を聞いていました。

人は、それぞれに事情があるものです。また、人はそれぞれ、自分の方から考えるものです。

トラブルの間に入る人は、必ず、両方の意見を聞かなくてはなりません。

以上、先生が「一喝できない」理由を述べました。

次に、先生の感想を述べます。


Y君は、はじめは親切のつもりで「ダビングしてやる」と言ったのだと思います。

それが、何かの事情でのびてしまったのでしょう。

それは「引っ越し」というような事情かもしれません。

もしかしたら、テープを他のことに使ってしまったのかもしれません。

あるいは、Y君のルーズさのためかもしれません。何か事情が生じてしまったのです。

それを、ほっといたのはもちろんよくないことです。しかし、彼は返そうとしているわけです。私なら、もっと待ちます。

Kさんは、「おまわりさん」のことを考えたようですが、先生は反対です。

そんなことをすると、きっと、みんなから嫌われます。

よく、物語であるでしょう。

お金を貸した人が、とり立てる場面が……。

考えてみれば、お金を借りて返さないのがわるいのです。それなのに「借金とり」が悪者にされます。現在のサラリーローンでもそうです。

人の感情は、そんなにかんたんではありません。

貴方は、証拠のことを言っていますが、「借金」でさえ、「一年間催促をしないと無効」になります。つまり、貸している方にも責任があると法律上なっているのです。

Y君に、早い時期に催促していたらこのようにならなかったかもしれません。こんな時、貸した方も責任があるわけです。

Y君は、「返す」と言っているのですから、バイトか何かして返してくれるのでしょう。大学を受験するなら、終わってからということになると思います。

さて、もう一つ大切な感想があります。これからの人生にとって大切なことですので参考にしてください。

貴方は、いつか学校を終えて、勤めに出ると思います。Y君も勤めるようになるでしょう。

人間の絆とは不思議なもので、どこかで結びついているものです。貴方とY君が結びつかなくても、間に一人の友人を入れると、その可能性はぐっと広がります。

何かの仕事の折に、Y君やその友人とかかわった時、「三千円のテープでおまわりさんに言った。先生に言い付けた」としたら、どうなります。

Y君は、絶対に味方になりません。それのみか、仕事をこわしてくると思います。敵になるのです。

でも、テープを待ってあげたら、「あの時、わるいことをしたな、おわびに少し力になろう」と、逆に味方になってくれます。

今の貴方には、大きな金額でしょうが、しかし大人には、小さな額です。それで、一人の人を敵にしてしまったら、こんな損なことはありません。人生の大きなマイナスです。「でも、これから先、Y君と会うことなんかない」と思うかもしれませんが、それがあるのです。

友人たちとの、ほんのちょっとした話の中に出てきた時なんかに「あいつはいやなやつだよ。テープを借りただけで小学校の先生にチクったんだ」となるのです。そこにいる人は、誰も貴方の味方にはなりません。

実は、世の中とは、このようなことで成り立っているのです。

先生は今、三〇くらいの企画の責任者です。全部成功しています。どうして成功したのだと思いますか。それは、自分の得なことを最後にしたからです。

先生は、まず一緒に仕事をしてくれる人が得をするようにします。相手が得をすれば、いつか自分のところにもまわってくるのです。

相手が得をして自分が損をする時もあります。そんな時、ちっとも悲しくありません。むしろ、嬉しいのです。相手に「貸し」を作ったからです。

逆に、相手が損をして自分が得をするのは「借り」を作ったことになります。

世の中は「貸し」を多く作る人が成功していくのです。「借り」の多い人は、初めは成功のように見えるけど、間もなく失敗していきます。

Kさんは、今、「貸し」を作ったのです。いつかきっと生きてきます。

「三千円のテープ」は、もったいないけど、三倍にもなって返ってきます。

お金ですむことなら、たとえどれだけ高価であろうと安いものです。一度失った信頼は、再び、もどってきません。

以上が先生の考えです。

Kさんがどうされるのか――それは、自分の人生を一つ選択することでもありますが――自分自身で決めることです。

解説

技術では語れない「付き合う」ということの原理・原則

岡山県鏡野町立香々美小学校　甲本卓司

権威と権力

向山洋一著『子供と付き合う法則』は、学級経営を行う際の指針となる書である。例えば、向山氏は、

> ダイナミックなクラスを創ろうと考える。
> そのためには、子どもたちの中に教師の権威を打ち立てなければならない。
> 権威である。権力ではない。

と説く。この「権威」と「権力」の違いについて、具体的場面で紹介している。

学級をまとめる方法は、大きな声で怒鳴ったりすることはないのだ。

腕力で打ち立てた力は弱くもろい。すぐに反撃される。腕力による支配は長くは続かない。そして、教師の側が媚を売るようになる。その結果、学級は崩壊への道を進んでいくことになる。

子供たちは、学級に何を望んでいるのか。それは、安定した学級である。クラスの中が

規律正しいことが必要なのだ。

そのためにも教師は、「権威」を持って子供たちと接しなければならない。

技術では語れない

子供たちとどう付き合えばよいのか悩んでいる教師も少なくない。

また、何をどう努力すれば子供たちとのコミュニケーションがうまくいくのかと考えている教師も多いだろう。

向山氏は、著書の中で次のように言う。


「付き合う」というのは「技術」では語れない部分を持っている。


世の中には、人を魅きつける人もいるし、人に嫌われる人もいる。教師なら、人を魅きつける人になりたいと思うのは当然のことだ。また、そう思わなければならない。

では、どういった努力をすればよいのか。

著書の中にはそのための原理・原則がちりばめられていると私は考えている。

「子供と付き合う」原点

三年前、私は特別支援学級の担任になった。その時、同僚の教師から次のように言われた。

「甲本先生は、子供たちをかわいがりすぎよ。甘やかしすぎると後が大変ですよ」

忠告である。

私は、甘やかしてもいいと考えている。その先生に次のように話した。

「私は、かわいがってちょうどいいと考えています。この子達は、将来、つらい思いをいっぱいする可能性があります。私が力一杯かわいがって人生のバランスが少しでも取れるかもしれません。今は、精一杯かわいがってやるつもりです」

これは、教師の思想・倫理観の問題だと思う。当然、様々な考えがあってよい。

私は、このことを向山氏の著書から学んだ。次の一節だ。


教師5年目の時、隣のクラスの担任は藤野先生であった。人のいいすてきな先輩だった。彼のひざの上には、いつも汚いかっこうの男の子が群がっていた。5年生のやんちゃ坊主でも、教師のそばに群がるのである。

ひざの上にいるのは、いつも「汚い」子供たちだった。

ある日、藤野氏にたずねると、彼は私に言った。

「洋さん。勉強のできる子、きれいな子は、これから先、いつだってチヤホヤされるんだ。あの子たちを、大切にできるのは私たちなんだ」

子供との付き合いは、ここから始まる。

この一節が、私の頭から離れない。この一節が、子供と接するときの原点になっている。

本書には、子供とのつきあい方の原理・原則が内在している。これは、技術では説明できない部分が非常に多い。しかし、人を魅きつける人の考え方や、子供との接し方の原理や原則は必ずある。向山氏の子供との付き合い方の中に、子供を魅きつける原理・原則を見つけ出していただきたいと思う。

人は、内にあるモノしか見えないという。見つけ出すのも修業である。

向山流・長期休業明けの指導を実践しその意図を分析する

ＴＯＳＳ中央事務局　戸村隆之

本書を知ったのは、あるＴＯＳＳセミナーの講座であった。講座で本書の内容が紹介された。当時、本書は絶版だったがすぐに古書をネットで探して手に入れることができた。

本書には、向山学級の夏休み明けの指導が具体的に書かれている。向山氏の夏休み明け一日目の指導を挙げてみる。

①夏休みどんなことをしていたかを尋ねる
②通知表を集め、通知表を見た感想を短く発表させる
③夏休みの宿題を回収する

長期休業明けにすぐに追試できる内容である。向山氏が何気なく書かれている指導であるが、自分の教室で実践してみると様々な意図が含まれていることを実感できる。

まず、夏休み中の出来事を子供たちに尋ねる場面である。長期休業中の子供たちの生活の実態を把握することができる。家族で旅行に行っていた子。祖父母の家に帰省していた子。

このような子供たちは、長期休業中家族との時間をしっかり過ごしていたことが推定でき

る。中には、「特にどこにも行かなかった」という子もいる。このような子を注意して見る必要がある。このような子でさらに「宿題をやっていない」「提出物が出されていない」「もちものが揃わない」という場合は要注意である。

また、保護者からは連絡がなくても子供の口から「病気になった」「トラブルにあった」という事が発覚する場合もある。この活動を通して長期休業明けの実態を把握し、夏休み明けの指導に生かすことができる。

次に通知表を見た感想を発表させる場面である。向山学級の子供の日記から推定すると、通知表を教師に提出するときに感想を言わせている。この文章に出会うまで、感想を言わせて回収するという発想が全くなかった。向山学級では、このような些細な場面でも一人一人自分の意見や感想を発表させる場面があったのだ。このように短くても、一人一人に発表させる場面をたくさん作っていくことが、授業での討論や話し合いで次々と子供が発表するようになるために必要である。

そして、夏休みの宿題の回収である。宿題提出についての、向山氏の趣意説明はいつも追試している。

「夏休み帳などの宿題がありましたが、持ってきている人と今日持ってきていない人がいると思います。

持ってきていない人の中には、持ってこられなかった人もいると思います。先生も経験していてよく分かりますから、宿題の提出は九月三日にします。

この二日間が貴重です。健闘を祈ります」

向山氏は、宿題を忘れた子に注意をしたり、叱ったり全くしない。長期休業明け、宿題が終わっていないという理由で登校を渋る子に出会った事がある。このような子供にとても優しい指導である。

まずは、「先生も経験してよく分かりますから」と共感する。しかし、きちんと詰めるところは期限を具体的に示して詰める。共感し、指導を入れるのである。

私は、向山氏の著書に出会う前には宿題をきちんと夏休み明けに持ってこなかった子に対して厳しく指導していた。このような指導があるのかと目から鱗だった。

本書の別の場面には次の記述がある。

5／25のこと、忘れものを初めてして、残念だったですね。

「忘れもの」をしても、しかたがないと思います。

もちろん、「忘れもの」をしないようにするのは大切なことです。

努力しなければなりません。

しかし、人間は、神様ではないのですから、「絶対」とか「100%」とかいうのは、ないのです。

まちがうことがあるから人間です。

向山氏の指導の裏には、このような向山氏の人間に対する考え方があることがわかる。夏休み明け宿題を忘れた子に、向山氏の言葉を追試した。それでも持ってこない子がいた。ここからは、応用問題だ。私は、次のように指導した。

「自分でいつまで提出できるか期限を決めなさい。自分で決めた締め切りなのですからきちんと守りなさい」

これでほとんどの子が提出した。子供に共感しながらも、しっかり詰めるという指導は忘れもの以外の場面でも活用することができる。向山氏の文章を読んでいると、自分の学級で起こる問題の解決のヒントを得ることができる。本に書かれた内容を自分の学級の実践に活かしていくことが大切だ。

学芸みらい教育新書 ❺

新《しん》版《はん》 子《こ》供《ども》と付《つ》き合《あ》う法《ほう》則《そく》

2015年8月1日　初版発行

著　者　向《むこう》山《やま》洋《よう》一《いち》
発行者　青木誠一郎

発行所　株式会社学芸みらい社
〒162-0833 東京都新宿区箪笥町31番 箪笥町SKビル
電話番号 03-5227-1266
http://gakugeimirai.com/
E-mail：info@gakugeimirai.com

印刷所・製本所　藤原印刷株式会社

ブックデザイン・本文組版　エディプレッション（吉久隆志・古川美佐）

ISBN978-4-905374-79-4 C3237

授業の新法則化シリーズ（全リスト）

書　　名	ISBN コード	本体価格	税込価格
「国語」　～基礎基本編～	978-4-905374-47-3 C3037	1,600円	1,728円
「国語」　～1年生編～	978-4-905374-48-0 C3037	1,600円	1,728円
「国語」　～2年生編～	978-4-905374-49-7 C3037	1,600円	1,728円
「国語」　～3年生編～	978-4-905374-50-3 C3037	1,600円	1,728円
「国語」　～4年生編～	978-4-905374-51-0 C3037	1,600円	1,728円
「国語」　～5年生編～	978-4-905374-52-7 C3037	1,600円	1,728円
「国語」　～6年生編～	978-4-905374-53-4 C3037	1,600円	1,728円
「算数」　～1年生編～	978-4-905374-54-1 C3037	1,600円	1,728円
「算数」　～2年生編～	978-4-905374-55-8 C3037	1,600円	1,728円
「算数」　～3年生編～	978-4-905374-56-5 C3037	1,600円	1,728円
「算数」　～4年生編～	978-4-905374-57-2 C3037	1,600円	1,728円
「算数」　～5年生編～	978-4-905374-58-9 C3037	1,600円	1,728円
「算数」　～6年生編～	978-4-905374-59-6 C3037	1,600円	1,728円
「理科」　～3・4年生編～	978-4-905374-64-0 C3037	2,200円	2,376円
「理科」　～5年生編～	978-4-905374-65-7 C3037	2,200円	2,376円
「理科」　～6年生編～	978-4-905374-66-4 C3037	2,200円	2,376円
「社会」　～3・4年生編～	978-4-905374-68-8 C3037	1,600円	1,728円
「社会」　～5年生編～	978-4-905374-69-5 C3037	1,600円	1,728円
「社会」　～6年生編～	978-4-905374-70-1 C3037	1,600円	1,728円
「図画美術」　～基礎基本編～	978-4-905374-60-2 C3037	2,200円	2,376円
「図画美術」　～題材編～	978-4-905374-61-9 C3037	2,200円	2,376円
「体育」　～基礎基本編～	978-4-905374-71-8 C3037	1,600円	1,728円
「体育」　～低学年編～	978-4-905374-72-5 C3037	1,600円	1,728円
「体育」　～中学年編～	978-4-905374-73-2 C3037	1,600円	1,728円
「体育」　～高学年編～	978-4-905374-74-9 C3037	1,600円	1,728円
「音楽」	978-4-905374-67-1 C3037	1,600円	1,728円
「道徳」	978-4-905374-62-6 C3037	1,600円	1,728円
「外国語活動」（英語）	978-4-905374-63-3 C3037	2,500円	2,700円

学芸を未来に伝える
学芸みらい社
GAKUGEI MIRAISHA
株式会社 学芸みらい社（担当：横山）
〒162-0833 東京都新宿区箪笥町31 箪笥町ＳＫビル 3F
TEL:03-6265-0109（営業直通） FAX:03-5227-1267
http://www.gakugeimirai.com/
e-mail:info@gakugeimirai.com

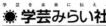